Go Vista
INFO GUIDE

Sizilien

Heide Marie Karin Geiss

Heide Marie Karin Geiss ist Reisejournalistin. Die passionierte Seglerin lebt in München und fühlt sich auch am Mittelmeer wie zu Hause.

W0181251

www.vistapoint.de

Willkommen & Top 10

🔟 **Top 10:** Übersichtskarte . . . . vordere Klappe
🔟 **Top 10:** Das sollte man gesehen haben . . . . hintere Klappe

Willkommen auf Sizilien 4

Chronik

Daten zur Geschichte 6

Vista Points – Sehenswertes

Reiseregionen, Orte und Sehenswürdigkeiten

Palermo und der Norden 10
Äolische/Liparische Inseln 24
**Der Osten Siziliens von Messina bis Catánia und die
Ätna-Region** 29
Siracusa und der Südosten 44
Der Süden 51
Der Westen 60

Service von A–Z

Sizilien in Zahlen und Fakten 66
Anreise, Einreise 66
Auskunft 67
Automiete, Autofahren 68
Behindertengerechte Einrichtungen 69
Diplomatische Vertretungen 69
Essen und Trinken 70
Feiertage, Feste 71
Geld, Banken, Kreditkarten 76
Gesundheit 76
Internet 77
Klima, Kleidung, Reisezeit 77
Mitbringsel 78
Mit Kindern auf Sizilien 79
Nachtleben 79
Naturschutzgebiete, Parks 80
Öffentliche Verkehrsmittel 80
Öffnungszeiten, Eintrittspreise 81
Post, Briefmarken 81

Presse 82
Rauchen 82
Sicherheit 82
Sport und Erholung 82
Sprache – der sizilianische Dialekt 84
Strom 84
Telefonieren 84
Trinkgeld 84
Unterkünfte 85
Zeitzone 85

Sprachführer

Die wichtigsten Wörter für unterwegs 86

Extras – Zusatzinformationen

Götterwelt auf Sizilien 6
Umstrittene Brücke zum Festland 9
Die heilige Rosalia gegen die Pest 13
Diese Märkte muss man gesehen haben! 17
Heilende Natur 26
Bimsstein 27
Die Schwarze Madonna von Tyndaris 32
Mit der Seilbahn geht's nach Mazzarò 33
Johannisbrot 49
Rote Paradiesäpfel 55
Karneval in Sciacca 59
Marsala 62
Die Sagre, Volksfeste des Essens und Trinkens 71

Register 94
Bildnachweis und Impressum 96

Zeichenerklärung

Top 10
Das sollte man gesehen haben, s. vordere und hintere Umschlagklappe.

Vista Point
Reiseregionen, Orte und Sehenswürdigkeiten

Symbole
Verwendete Symbole s. hintere innere Umschlagklappe.

Kartensymbol: Verweist auf das entsprechende Planquadrat der ausfaltbaren Landkarte bzw. der Detailpläne im Buch.

Willkommen auf Sizilien

Vor mehr als 200 Jahren, genauer gesagt im Jahr 1787, stellte Goethe während seiner Sizilienreise beim Genießen der frühlingshaften Atmosphäre schwärmerisch fest: »Nun versteh ich erst die Claude Lorrains und habe Hoffnung, auch dereinst im Norden aus meiner Seele Schattenbilder dieser glücklichen Wohnung hervorzubringen!«

Und wirklich, es gibt wohl kaum eine andere Insel, die sich so farbenprächtig und abwechslungsreich präsentiert. *Silicia felix* (glückliches Sizilien), die fruchtbare Sonneninsel, bietet ihren Besuchern ein Feuerwerk an farbenprächtiger Üppigkeit, aufeinanderprallende Gegensätze und unvergesslich schöne Urlaubsimpressionen.

3,2 Kilometer trennen Sizilien von der italienischen Halbinsel; die 1 040 Kilometer langen Sand- und Felsküsten der Insel werden vom Ionischen, Tyrrhenischen und Libyschen Meer umspült. Das Inselinnere besteht hauptsächlich aus Bergland, abgesehen von einigen weitläufigen Ebenen wie der Piana bei Catánia oder der Conca d'Oro bei Palermo.

Griechen, Römer, Byzantiner, Barbaren, Araber, Normannen, Spanier und viele andere Inselherrscher haben unübersehbar ihre Spuren hinterlassen – in der Architektur, auf dem Speiseplan und auch in den verschiedenen Formen der Bodenkultivierung, die

»Italien ohne Sizilien macht gar kein Bild in der Seele: hier ist erst der Schlüssel zu allem.«

Johann Wolfgang von Goethe während seines Aufenthalts in Palermo, 13. April 1787 (Italienische Reise)

vom Anbau von Orangen, Weinreben, Oliven, Mandeln, Pistazien, Kaktusfeigen, Johannisbrot bis hin zum Weizenanbau reichen.

Freuen Sie sich auf abwechslungsreiche Landschaften und faszinierende Städte wie beispielsweise Catánia, dessen eine Seite direkt auf das Meer und die andere auf den 15 Kilometer entfernten, ca. 3 300 Meter hohen Ätna, den größten tätigen Vulkan Europas, zeigt.

Sizilien ist mit 25 426 Quadratkilometern die größte Mittelmeerinsel. Es hat rund 4,9 Millionen Einwohner und liegt genau im Zentrum des Meeres (zwischen dem 37. und 38. Grad nördlicher Breite und 13. und 15. Grad östlicher Länge), seine Form ähnelt einem unregelmäßigen Dreieck.

Seit 1946 ist Sizilien mit seinen neun Provinzen autonome Region der Republik Italien mit einem *statuto speziale*, einem Spezialstatut auf politischem und verwaltungsmäßigem Gebiet, und mit einem eigenen Parlament.

Cefalù verfügt über alle Zutaten für einen schönen Urlaub: traumhafte Sandstrände, ein reiches kulturelles Erbe und gemütliche Trattorien

Daten zur Geschichte

Um 6000 v. Chr. Felsmalereien, die in den Addaura-Grotten am Monte Pellegrino entdeckt wurden, sind Zeugen der frühen Besiedlung Siziliens.

3000–1000 v. Chr. Während der Kupfer- und Bronzezeit siedeln sich drei verschiedene indogermanische Stämme an, nämlich die Sikuler, Sikaner und Elymer.

8./7. Jh. v. Chr. In der so genannten Griechischen Epoche lassen sich an der Ost- und Südküste der Insel Griechen unter anderem aus Chalkis und Korinth nieder und gründen Städte wie Syrakus oder Catánia, die Westküste reservieren sich die Karthager. Damit wird Sizilien ein Teil der *Magna Graecia* (Großgriechenland).

575 v. Chr. Die Syrakuser sind die ersten, die dem Gott Apollo einen Tempel errichten.

480 Die Griechen können im Kampf um die Vorherrschaft im

Das Teatro Greco in Siracusa bot einst bis zu 15 000 Menschen Platz

v. Chr. Mittelmeerraum in der Schlacht von Himera einen Sieg über die Karthager erringen.

405–367 v. Chr. Unter der Herrschaft von Dionysios I., Tyrann von Syrakus, wächst Syrakus zu einer der größten und mächtigsten Städte der damaligen Welt heran.

264–241 v. Chr. Als Resultat des Ersten Punischen Kriegs wird Sizilien (mit Ausnahme von Syrakus) Provinz des *Imperium Ro-*

Götterwelt auf Sizilien

Während der Zeitepoche der *Magna Graecia* entstand auch ein enger Bezug zur griechischen Götterwelt. So sah man beispielsweise den Vulkan Ätna als Haupt des Feuergottes Hephaistos an. Von Homer wissen wir, dass die Insel Vulcano der Sitz von Aiolos, dem Herrscher über die Winde, war. Und die bei Aci Trezza aus dem Ionischen Meer ragenden Felsen sollen von dem Zyklopen Polyphem auf Odysseus geschleudert worden sein.

manum, des Römischen Reiches.

212 v. Chr. Die Römer erobern im Zweiten Punischen Krieg die bis dahin als uneinnehmbar geltende Stadt Syrakus.

135 v. Chr. Unter Führung des syrischen Sklaven Eunus beginnen die Sklavenkriege, die erst nach einigen Jahren von den Römern niedergeschlagen werden können.

70 v. Chr. Gaius Verres, römischer Stadthalter, wird von keinem Geringeren als Cicero wegen Unterschlagung, schwerer Erpressung und Kunstraub angeklagt.

Seiner Form und der außerordentlich guten Akustik verdankt die Höhle ihren Namen »Orecchio di Dionisio«, das »Ohr des Dionysios« (Siracusa)

440–535 n. Chr. Der Einfall der Vandalen beendet die Römische Epoche Siziliens. Es folgt die Herrschaft der Ostgoten und dann der Westgoten.

535–827 Die Insel wird zur byzantinischen Provinz erklärt.

827–1072 Unter arabischer Herrschaft blüht Sizilien wirtschaftlich enorm auf.

Ab 1072 Die Insel steht nun unter normannischer Herrschaft der Brüder Robert Guiscard und Roger I.

1130 Roger II. wird zum König von Sizilien gekrönt und vereint die Insel. Während seiner Herrschaftszeit wird aus Palermo ein angesehenes Zentrum der Wissenschaften.

1194 Palermo ist völlig aus dem Häuschen, denn Heinrich VI. wird hier in einer feierlichen Zeremonie zum ersten normannisch-staufischen König auf Sizilien ernannt.

1231 »Liber Augustinus« heißt die Verfassung Siziliens, die in lateinischer Sprache verfasst wird und von Friedrich II. stammt.

1250 Friedrich II. wird entsprechend seinem persönlichen Wunsch nach seinem Tod im Dom von Palermo beigesetzt.

1258 Manfred, Sohn des verstorbenen Friedrich II., wird König von Sizilien.

1266 Papst Clemens IV. ernennt Karl I. aus dem französischen Haus Anjou zum König Siziliens.

1282 Sizilianische Vesper: Das Volk lehnt sich gegen die verhasste Herrschaft der Franzosen auf. Alle 10 000 auf der Insel lebenden Franzosen werden getötet. Die Insel wird Lehen des spanischen Hauses Aragon und der mit einer Staufertochter verheiratete Peter III. neuer König.

1302 Der Frieden von Caltabellotta beendet die jahrelangen kriegerischen Auseinandersetzungen zwischen Anjou und Aragon.

1434 In Catánia wird die erste Universität der Insel gegründet.

1442 Alfons V. von Aragon vereint Sizilien mit dem Königreich Neapel.

1487 Die Inquisition wird eingeführt. Die ersten Hinrichtungen finden in Palermo auf der Piazza Bologni statt.

1669 Über 100 000 Menschen kostet der Ausbruch des Ätna das Leben. Die Stadt Catánia wird nahezu dem Erdboden gleichgemacht.

1693 In der Nacht vom 9. Januar richten schwere Erdbeben große Schäden im Südosten der Insel an. 25 Städte werden quasi ausradiert, unter anderem Módica und Noto. Siracusa und Ragusa werden zu großen Teilen zerstört. Der Wiederaufbau erfolgt im verschwenderischen Barockstil.

Stauferkaiser Friedrich II. (Illustration aus dem Falkenbuch Friedrichs II.)

1713–20 Als Resultat des Spanischen Erbfolgekriegs zählt Sizilien wieder zum Haus Savoyen.

1720–35 Sizilien unterliegt der Verwaltung der österreichischen Habsburger.

1735–80 Die spanische Bourbonen-Herrschaft pflegt einen ausschweifenden Lebensstil, während das Volk immer mehr verarmt und sich durch Selbstjustiz rächt. Die Polizei ist gegen die im Volk vorherrschende so genannte *Omertà* (Schweigen) machtlos und kann so gut wie gar nicht ermitteln.

1860 Am 11. Mai landet Guiseppe Garibaldi (1807–82) mit seiner *Mille* (Tausend), einer Truppe von schlecht bewaffneten freiwilligen Kämpfern, in Marsala. Dennoch gelingt es ihm, die Sizilianer von der Bourbonenherrschaft zu befreien.

1861 Durch einen Volksentscheid wird Sizilien dem Königreich Italien angeschlossen. Doch unter Vittorio Emanuele II. von Piemont verschlechtern sich die wirtschaftlichen und sozialen Bedingungen immer mehr. Es werden Schutzgelder von Bauern erpresst. Großgrundbesitzer schaffen sich eigene bewaffnete Truppen an, die für ihre jeweiligen Auftraggeber Abgaben eintreiben – das ist die Geburtsstunde der legendären Mafia! Alle wichtigen Ämter auf der Insel werden mit Mafiosi besetzt, was den Einfluss der Mafia noch deutlich vergrößert.

Ab 1870 Unerträgliche soziale Missstände sind die Hauptgründe dafür, dass bis zum Beginn des Ersten Weltkriegs (1914) fast zwei Millionen Sizilianer auswandern.

Umstrittene Brücke zum Festland

Die meisten Sizilianer sind nicht besonders begeistert von der Idee, durch eine Hängebrücke auf einem *zu* direkten Weg mit dem Festland verbunden zu sein. Doch allzu große Sorgen müssen sie sich wegen dem Brückenbau nicht mehr machen, denn seit dem Rücktritt des ehemaligen Ministerpräsidenten Silvio Berlusconis (2011), der seit 2008 den Brückenbau massiv vorangetrieben hatte, liegt die Zukunft der Brücke wieder im Ungewissen. Der amtierende Ministerpräsident Mario Monti verkündete wegen leerer Haushaltskassen das endgültige Aus des Großprojektes. Nun muss der italienische Staat an alle beteiligten Bauunternehmen eine Konventionalstrafe in Höhe von 300 Millionen Euro zahlen.

1908	Messina wird von einem schweren Erdbeben heimgesucht, das mehr als 80 000 Todesopfer fordert.
1943	Am 7. Juni landen die alliierten Streitkräfte auf der Insel in der Nähe von Gela. Am 27. Juli kommt es zur Entmachtung des Faschisten Mussolini und am 3. September wird das Waffenstillstandsabkommen zwischen Italien und den Alliierten geschlossen.
1946	Sizilien wird autonome Region der Republik Italien.
1950–60	Die Entdeckung von Erdöl im Süden Siziliens hat einen wirtschaftlichen Aufschwung zur Folge.
1968	Ein schweres Erdbeben erschüttert das Belice-Tal.
1992	Die Ermittlungsrichter Giovanni Falcone und Paolo Borsellino werden von der Mafia ermordet.
1993	Die Polizei kann mit der Verhaftung des bekannten Mafiabosses Totò Riina einen großen Erfolg verbuchen.
1997	Das Tal der Tempel von Agrigento und die Villa Romana del Casale stehen nun auch auf der Liste der Weltkulturgüter der UNESCO.
1998	Der Bau einer Brücke über die Meerenge von Messina wird beschlossen.
2001/03	Der Vulkan Ätna macht sich mit schweren Erdbeben wieder bedrohlich bemerkbar.
2007	Wie bereits 2006 ergießt sich aus dem Ätna permanent ein Lavastrom ins Valle di Dove. In einem südöstlichen Krater bildet sich ein großer Riss.
2012	Ganz Italien leidet im Sommer unter lang anhaltender, extremer Hitze. Besonders betroffen ist der Süden. Im Dezember tritt Ministerpräsident Mario Monti zurück. Berlusconi gibt eine erneute Kandidatur für die Parlamentswahlen im Februar 2013 bekannt. ∎

Der italienische Nationalheld Guiseppe Garibaldi

Reiseregionen, Orte und Sehenswürdigkeiten

PALERMO UND DER NORDEN

❶ Palermo

Palermo (651 100 Einwohner), die Hauptstadt der Insel, Hafen- und Universitätsstadt mit Sitz des Regionalparlaments liegt wie ein römisches Theater in der fruchtbaren Ebene Conca d'Oro (Goldene Muschel). Eingerahmt vom Monte Pellegrino ist sie sicherlich die typischste aller sizilianischen Städte – ein Ort voller Gegensätze, an dem Armut und Pracht, Verödung und pralles Leben dicht beieinander liegen.

In jüngster Zeit hat die Mafia in der von Phöniziern (8. Jh. v. Chr.) gegründeten Stadt ihren Einfluss verloren. Seither kann man wieder abends durch die Straßen der Altstadt bummeln, von einer Café-Terrasse aus das kunterbunte Treiben beobachten oder sich zur allabendlichen *Passeggiata* in der lebendigen Fußgängerzone Via Belmonte treffen.

Die Altstadt sollte man unbedingt per pedes erkunden, um die Seele dieser turbulenten, verrückten und gleichzeitig faszinierenden Stadt zu erleben, die vor allem von ihren skurilen, hektischen Einwohnern lebt, die stolz darauf sind, nicht Italiener, sondern Palermer zu sein. Eine weitere Besonderheit sind die Märkte, darunter der traditionelle Fischmarkt, Vucciría, auf dem es noch bunter, lauter und lebendiger zugeht als auf anderen italienischen Märkten. Und die Palermer essen gern auf der Straße, deshalb findet man überall kleine Stände mit köstlichen Leckereien.

Ein Grund für die hektische Atmosphäre der Stadt ist der Autoverkehr – geparkt wird einfach genau

Alltagsimpressionen in der sizilianischen Hauptstadt Palermo

dort, wo man hin möchte. Häufig verstopfen drei bis vier nebeneinander parkende Autoreihen die Straßen, was in einer Stadt mit einem derartig hohen Verkehrsaufkommen zum völligen Fiasko führt.

Als Startpunkt für eine Entdeckungstour eignet sich die **Piazza Marina**, der Hauptplatz des alten Palermo unterhalb der Ha-

Im Normannenpalast von Palermo: das berühmte Goldmosaik des »Christus als Weltherrscher« in der Cappella Palatina

fenbucht La Cala mit seinen herrlichen Palazzi und dem schönen Giardino Garibaldi, in dem riesige Pagodenbäume (Ficus magnolioides) wachsen. Einer der prächtigsten unter den zahlreichen Adelspalästen der Stadt und ein schönes Beispiel sizilianischer Gotik (leider nur von außen zu besichtigen) ist der **Palazzo Chiaramonte**. Das Viertel La Kalsa, in dem man sich hier befindet, ist vielleicht das ärmste der Stadt, nur langsam schreitet die Restaurierung voran, und man sollte besonders düstere Gassen besser meiden.

Nördlich der Piazza Marina verläuft die Hauptachse der Stadt, der Corso Vittorio Emanuele – meist Cassaro genannt –, der vom Meer Richtung Südwesten zur Piazza Indipendenza führt und damit zur Hauptsehenswürdigkeit der Stadt, dem **Normannenpalast** (Mo–Sa 8.30–17, So 8.30–12.30 Uhr, Eintritt € 6) mit der bedeutenden Cappella Palatina. Er liegt im ältesten Teil Palermos, dem Albergheria-Viertel, und wurde von den Normannen auf den Ruinen des früheren arabischen Herrscherpalasts errichtet. Nach dem Niedergang des Stauferreiches verfiel die Anlage und wurde erst unter spanischer Herrschaft saniert. Heute sitzt in dem monumentalen, verschachtelten Gebäudekomplex das Regionalparlament der Insel. Allerdings erinnert in dem wüsten Stilmix, der durch die Umbauten des 16. bis 18. Jahrhunderts entstanden ist, kaum noch etwas an den normannischen Palast.

Die **Cappella Palatina** (1132–40), als Privatkapelle Rogers II. errichtet, stand ursprünglich frei im Hof der Anlage. Im Laufe der Zeit wurden Gebäude angebaut, so dass man sie heute über eine Treppe im ersten Stock betritt. Die dreischiffige Säulenbasilika vereint arabische, byzantinische und normannische Elemente zu einem harmonischen Ganzen. Herausragend sind die Marmorfußböden, die arabische Holzdecke im Mittelschiff und die Mosaiken in den Apsiden und besonders das wertvolle goldene Kuppelmosaik, das Christus Pantokrator mit Hofstaat und Erzengeln zeigt.

Ganz in der Nähe, in der Via dei Benedettini, liegt inmitten eines idyllischen Gartens die **Chiesa San Giovanni degli Eremiti** (Mo–Sa 9–19, So 9–13.45 Uhr). Der kubische Bau der Klosterkirche (1132) mit seinen fünf roten Kuppeln – ein gelungener Stilmix aus arabischen und normannischen Elementen – beeindruckt durch einen wunderschönen Kreuzgang mit zierlichen Zwillingssäulen.

aF2

Am Rand des Capo-Viertels nördlich des Cassaro liegt eine weitere Sehenswürdigkeit, die riesige **Kathedrale** (www.cattedrale.palermo.it, tägl. 7–19 Uhr). Sie wurde 1170–85 anstelle einer arabischen Hauptmoschee von Erzbischof Walter of the Mill in Auftrag gegeben und vereint viele Stilepochen. Beispielsweise stammen der mächtige Chor und die drei Apsiden im Osten des größten Sakralbaus der Stadt aus normannischer Zeit, das Portal der Fassade zeigt gotisch-katalanische Elemente und die monumentale Kuppel sowie der etwas nüchtern wirkende Innenraum wurden 1781–1801 ganz im klassizistischen Stil umgebaut. In den zwei Kapellen im linken Seitenschiff stehen vier Sarkophage, in denen sich die sterblichen Überreste von Roger II., seiner Tochter Konstanze, Friedrich II. und seines Vaters, Heinrichs VI., befinden.

aE2

Südlich des Cassaro Richtung Meer findet sich an der Piazza Bellini die **Chiesa La Martorana**. Admiral Georg von Antiochien ließ die byzantinische Kreuzkuppelkirche im 12. Jahrhundert errichten. Noch im selben Jahrhundert wurden dem dreischiffigen Gotteshaus Campanile, Innenhof und Vorhalle hinzugefügt. Im Inneren der Kirche sind prächtige mittelalterliche Mosaiken zu sehen, die unter anderem den Normannen-

aD3/4

Beeindruckende Seitenansicht der Kathedrale von Palermo

könig Roger II. zeigen, der von Christus selbst gekrönt wird.

Der Kubusbau der **Chiesa San Cataldo** (Mo–Sa 8.30–13 und 15.30–19, So 8.30–13 Uhr) an der Piazza Bellini auf der gegenüberliegenden Seite mit drei roten Kuppeln stammt aus arabisch-normannischer Zeit (um 1154) und steht auf einem zwei Meter hohen Sockel.

Antiker Wasserspeier im Museo Archeologico Regionale (Palermo)

San Cataldo

`aD3`

`aD3`

Fast jedes Brautpaar, das in Palermo heiratet, lässt die obligatorischen Hochzeitsfotos auf den Treppen der **Fontana Pretoria** (1552–55), einer mächtigen Brunnenanlage auf der gleichnamigen Piazza, machen. Eigentlich sollte das Werk des Bildhauers Francesco Camilliani mit den zahlreichen mythologischen Figuren und nackten Skulpturen den Garten des Vizekönigs von Neapel schmücken. Dem jedoch gefiel die Brunnenanlage nicht und so kam es, dass die Stadt Palermo sie käuflich erwarb.

Im kleinen Viertel um den **Vucciría**, den bekanntesten Markt der Stadt, der sich von Montag bis Samstag auf alle Seitengassen erstreckt, dominiert die **Chiesa di San Domenico** (Mo–Sa 9–12 Uhr). Die dreischiffige, ehemalige Dominikaner-Klosterkirche (17. Jh.) ist nicht nur die schönste, sondern mit Platz für 8 000 Gläubige auch die größte Barockkirche der Stadt. Die Kapellen dienen seit dem 19. Jahrhundert als Grablege für berühmte Persönlichkeiten. Auf der Rückseite des Gotteshauses findet sich das **Oratorio del Rosario** (1578, Mo–Sa 9–13 Uhr) mit dem berühmten Altarbild der Rosenkranzmadonna (17. Jh.) von Anthonis van Dyck.

`aC4`

`aC4`

Zu den bedeutendsten Sammlungen antiker Fundstücke zählt das **Museo Archeologico Regionale** im ehemaligen Kloster San Felippo Neri an der Piazza Olivella weiter nördlich an der Via Roma. Höhe-

`aC3`

Die heilige Rosalia gegen die Pest
Die Palermer lieben ihre Schutzpatronin Rosalia, die Tochter des Grafen von Sinibaldo, die in der Grotte auf dem Monte Pellegrino nahe Palermo als Einsiedlerin lebte und dort 1166 verstarb, über alles. Fünf Jahrhunderte sollten vergehen, bis man ihre Gebeine fand. Weil genau zu diesem Zeitpunkt die in der Stadt wütende Pest eingedämmt wurde, veranstalten die Einwohner aus Dankbarkeit zweimal im Jahr – vom 13. bis 15. Juli und am 4. September – eine Prozession, bei der ein prächtig geschmückter Wagen mit den Reliquien der heiligen Rosalia durch die Straßen der Stadt gezogen wird.

aC2

punkt des Museums sind die *Salone di Selinunte* mit den Metopen (Reliefplatten) der Selinunter Tempel (um 550 v. Chr.).

Eine letzte Empfehlung ist das **Teatro Massimo** an der Piazza Giuseppe Verdi. 22 Jahre, von 1875–97 wurde an dem von dem Palermitaner Giovanni Battista Filippo Basile entworfenen klassizistischen Theater gebaut. Es zählt mit seinen insgesamt 7 700 Quadratmetern Fläche und 3 000 Plätzen zu den größten Opernhäusern Europas. Das beeindruckende Deckenfresko im Innenraum (fünf Logenreihen und prächtige Galerie) stammt von Rocco Lentini und Ettore Maria Bergler.

1997 wurde das Teatro Massimo nach 23-jähriger Renovierungszeit wieder eröffnet und gilt seither als ein Symbol für das neue Palermo, in dem Korruption so gut wie keinen Platz mehr haben soll. Die Zeit der Reparaturen muss noch der düsteren Vergangenheit der Stadt zugerechnet werden, denn die 50 Millionen Euro, die für die Theaterrenovierung bereit gestellt wurden, versickerten in dunklen Kanälen.

aB2

Museo Arch.

aC3

Galleria Reg.

aD5

Teatro Mass.

aC2

A.A.P.I.T.
Piazza Castelnuovo 34, Palermo
✆ 091 58 33 51, www.italien-inseln.de
www.palermotourism.com, www.comune.palermo.it

Elf Museen können mit einem Ticket besucht werden (€ 12). Infos auf www.museidicharme.it

Ein Meisterwerk der italienischen Renaissancemalerei: Antonello da Messinas »Maria der Verkündigung« (um 1476, Galleria Regionale della Sicilia, Palermo)

Museo Archeologico Regionale
Piazza Olivella, Palermo
✆ 091 662 02 20, tägl. 9–13, Di–Fr auch 14.30–19 Uhr, Eintritt € 7

Galleria Regionale della Sicilia
Via Alloro 4, Palermo
✆ 091 623 00 11
Di–Sa 8.30–18.45, So 9–15 und 15–19.30 Uhr, Eintritt € 7
Die Sizilianische Regionalgalerie zeigt im spätgotischen Palazzo Abatellis (ab 1490) bedeutende Werke des 13.–18. Jh. wie das Gemälde »L'Annunziata« (»Die Verkündigung«) von Antonello da Messina.

Teatro Massimo
Piazza Giuseppe Verdi, Palermo
✆ 091 605 31 11
www.teatromassimo.it
Führungen Di–So 9.30–17 Uhr
Eintritt € 8, Opernsaison: Nov.– Mai

In den »Catacombe dei Cappuccini« von Palermo: etwa 8 000 mumifizierte Mönche, Priester und reiche Bürger von Palermo sind hier bestattet

Museo Etnografico »Giuseppe Pitrè«
Viale Duca degli Abruzzi 1, Palermo
☎ 091 740 48 93, Mo–Do, Sa 8.30–20 Uhr
Eintritt € 5, unter 18 und über 60 Jahre frei
Untergebracht in einer schönen Villa, zeigt das Museum unter anderem volkskundliche Exponate wie Trachten, Musikinstrumente und Marionetten.

aA2

Museo internazionale delle Marionette
Piazzetta Antonio Pasqualino 5
☎ 091 32 80 60
www.museomarionettepalermo.it
Di–Sa 9–13, 14.30–18.30, So 10–13 Uhr, Eintritt € 5/3
Beherbergt wird eine kunterbunt gemischte Sammlung sizilianischer und anderer Marionetten.

aC/ aD5

Convento dei Cappuccini
Piazza Cappuccini, Palermo
☎ 091 21 26 33
Tägl. 9–12, 15–17.30 Uhr, Eintritt € 4/3
In den Katakomben des Kapuzinerklosters befinden sich ungefähr 8 000 mumifizierte Leichen, fein säuberlich nach Stand und Geschlecht geordnet. Die unterirdischen Tuffstein-Gänge wurden von 1599 bis 1881 für Beisetzungen verwendet. Die Verstorbenen hängen entweder an den Wänden oder liegen in offenen Särgen.

aE1

Plastik des Dionysios (Museo Archeologico Regionale, Palermo)

Castello della Zisa
Piazza Zisa, nahe dem Kapuzinerkloster, Palermo
☎ 09 16 52 02 69
Mo–Fr 9–18.30, Sa/So 9–13 Uhr, Eintritt € 6/3
Das im 12. Jh. von arabischen Architekten erbaute Lustschloss zeigt seine wahre Pracht im Inneren mit herrlichen Mosaiken und prächtiger Stalaktitendecke.

aC1

Villa Giulia (Villa Flora)
Via Lincoln, Palermo, ℂ 091 616 24 72
Der 1778 angelegte Rokoko-Park südöstlich der Via Cervello mit Tiergehege und 2 Brunnen lädt zu einer angenehmen, schattigen Rast ein.

Orto Botanico
Via Lincoln 2, Palermo
ℂ 091 623 82, www.ortobotanico.unipa.it
Tägl. ab 9, Mai–Aug. bis 20, April, Sept. bis 19, März, Okt. bis 18, Nov.–Feb. Mo–Sa bis 17, So bis 14 Uhr
Eintritt € 5/4
Einer der bedeutendsten botanischen Gärten Europas. Das mächtige Eingangstor, die dorischen Säulenhallen und die seitlichen Gebäude (1789) stammen von dem französischen Architekten Léon Dufourny. Der 11 Hektar große Park weist über 10 000 Pflanzen auf!

Trattoria Shanghai
Vicolo dei Mezzani 34, Palermo
ℂ 091 58 97 02, So geschl.
Der Name deutet auf fernöstliches Essen hin, doch die Küche bietet Spezialitäten aus Palermo. €€–€€€

Trattoria Il Crudo e il Cotto
Via Luigi Pirandello 39, Palermo
ℂ 091 730 26 51
Gute Auswahl an leckeren Gerichten zu fairen Preisen. Im Norden der Stadt. €–€€

Antica Foccaceria San Francesco
Via Alessandro Paternostro 58, Palermo
ℂ 091 32 02 64, www.afsf.it, Mo geschl.
Bei Einheimischen ausgesprochen beliebter Imbiss mit Spezialitäten aus Palermo. €€–€€€

Caffè und Pasticceria Mazzara
Via Generale Magliocco 19, Palermo
ℂ 091 32 23 47
www.pasticceriamazzara.com
Das köstliche Gebäck und die Eisspezialitäten zogen schon den berühmten Schriftsteller Tomasi di Lampedusa an, der hier den Roman »Der Leopard« schrieb.

Gelateria Ilardo Giovanni
Foro Italico 11, Palermo
ℂ 091 617 21 18, Ostern–Nov. 8–24 Uhr
Der älteste Familienbetrieb der Stadt produziert in dritter Generation köstliche Eisspezialitäten.

Pasticceria Alba
Piazza Don Bosco 7 C, Palermo
ℂ 091 130 90 16, www.albasrl.it
Tägl. im Sommer 7–24, im Winter 7–22 Uhr

Diese Märkte muss man gesehen haben!
Der täglich stattfindende, über Mittag jedoch geschlossene Markt Vucciría zwischen Piazza San Domenico und Hafen, ist mit seinen Leckereien aus der Region ein echtes Ess-Paradies. Das gilt auch für den Markt Ballarò zwischen Piazza Ballarò und Piazza Carmine. Antikes und Trödelkram findet man auf dem Mercato delle Pulci.

Die *Zuppa Inglese*, eine Eisspezialität aus kandierten Früchten, Rum und Eiern, wurde in dem immer gut besuchten Café aus der Wiege gehoben.

Zuppa Inglese

Nachtleben von Palermo
Wer Nightlife ausgiebig genießen möchte, macht das nicht direkt in Palermo, sondern fährt wie die Einheimischen nach Mondello. Hier findet man eine sehr gute Auswahl an Bars, Diskotheken und Cafés (vgl. unten).

Ausflugsziele:

Monte Pellegrino
Ob Palermos Hausberg, der 13 Kilometer vor der Stadt liegende Kalksteinfelsen, das »schönste aller Vorgebirge der Welt« ist, wie oft behauptet wird, muss jeder selbst beurteilen. Auf jeden Fall genießt man vom Gipfel aus einen herrlichen Blick auf Palermo. Gleich daneben wird im **Santuario di Santa Rosalia**, der Grotte mit der Wallfahrtskirche, die Schutzheilige der Stadt Rosalia verehrt.

B5

Mondello
Etwa 10 km nördlich von Palermo liegt der 4800-Einwohner-Ort, den man bequem mit dem Bus erreichen kann. Früher lebte das ehemalige Fischerdörfchen vom Thunfischfang, heute von wohlhabenden Städtern aus Palermo, die ihre Wochenenden hier verbringen – in den oft überfüllten Strandbädern, auf der Promenade, in den vielen Cafés und den nicht ganz preisgünstigen Fischlokalen.

B5

Betuchte Palermer bauten sich zu Beginn des 20. Jh. schöne Jugendstilvillen und so entwickelte sich der beliebte Badevorort. Aus dieser Zeit stammt auch der mondäne **Kursaal**, der auf Pfählen in das Wasser gebaut wurde. Architekt war der Belgier Rudolph Stualket, der den Bau mit zahlreichen mythologischen Wesen und Meeresungeheuern dekorativ verzierte.

Im ehemaligen Badehaus befindet sich heute neben dem **Restaurant Charleston** ein Sportclub mit Sportzentrum, das den Mitgliedern unter anderem Tauchen, Segeln und Windsurfen anbietet. Man kann eine Mitgliedschaft für einen Monat erwerben und so in den Genuss des begehrten Strandes und des ver-

Karikatur oder Monster? (Villa Palagonia, Bagheria)

billigten Essens (weniger als die Hälfte des normalen Preises!) im Restaurant kommen.

❌ Alle terrazze
Viale Regina Elena (Kursaal)
90151 Palermo/Mondello
www.alleterrazze.it
✆ 091 626 29 03, Jan. geschl., Nov.–März Mi geschl.
Restaurant der gehobenen Preisklasse mit wunderschönem Ambiente. €€–€€€

❌ Bye Bye Blues
Via del Garofalo 23, an der Straße nach Mondello
✆ 091 684 14 15, www.byebyeblues.it, Di geschl.
Das Lokal ist für seine ausgezeichneten Fischspezialitäten und die hervorragende Auswahl an sizilianischen Weinen bekannt. €€–€€€

Bagheria

B5

In dem kleineren Ort (56 600 Einwohner), 15 km östlich von Palermo ließen sich reiche Palermer Adelsfamilien vom 17. bis 19. Jh. prächtige Villen erbauen. Der wohl bekannteste Palast ist die **Villa Palagonia,** die 1715 für Ferdinando Gravina, Principe di Palagonia vom Architekten Tommaso M. Napoli erbaut wurde. Damals geriet die fertige Villa schnell in das Feuer der Kritik (Goethe: »Palagonische Raserei«), nicht etwa wegen ihres ungewöhnlichen elliptischen Grundrisses, sondern wegen der grotesken und monströsen Steinskulpturen rings auf den Mauern des Hauptgebäudes (www.villapalagonia.it, Nov.–März tägl. 9–13 und 15.30–17.30, April–Okt. 9–13 und 16–19 Uhr, Eintritt € 4/2).

Solunto

B5

Die Villa Palagonia in Bagheria ist berühmt für ihre exzentrische Dekoration

Solunto
Ausgrabungsstätte einer der ältesten phönizischen Siedlungen und bedeutendsten Städte im Römischen Reich (Nahe Bagheria, Mo–Sa 9–19, So 9–12 Uhr, Eintritt € 4, unter 18 und über 65 Jahre Eintritt frei). Von der antiken Anlage am Hang des 374 m hohen Monte Catalfano bietet sich eine wunderbare Aussicht! Die Ausgrabungen zeigen eine typische römische Stadt nach traditionellem Schema (Hippodamisches Schema). Zu sehen sind unter anderem 6 dorische Säulen des Gymnasion, Mosaikböden, die Agora und das Theater.

Bosco della Ficuzza

In dem ca. 45 km von Palermo entfernten einstigen Jagdrevier der sizilianischen Könige steht ein Jagdschloss aus dem Jahre 1803. Von dort aus empfiehlt sich eine Wanderung auf die 1613 m hohe **Rocca Busambra**. Aber unbedingt nur mit festen Wanderschuhen!

Bagni di Cefalà

Nahe dem kleinen Ort **Cefalà Diana**, ca. 30 km südöstlich von Palermo, liegt das frei zugängliche arabische Bad, das nahe dem Fluss Cefalà und einer warmen Quelle im 11. Jh. erbaut wurde. Das einzige, rein arabische Gebäude auf der ganzen Insel.

Corleone

Der kleine Ort (11 400 Einwohner) im Inselinneren südlich von Palermo taucht immer dann auf, wenn von der Mafia die Rede ist. Vielleicht liegt das daran, dass hier nach dem Zweiten Weltkrieg gestohlenes Vieh verschachert wurde. Neben Resten alter Burgen kann die **Chiesa Madre** (15. Jh.) mit ihren schönen Statuen im Inneren des Gotteshauses besuchen.

Monreale

Hauptanziehungspunkt des kleinen, ca. 8 km von Palermo entfernten Städtchens (38 500 Einwohner) ist der normannische ❷ **Dom** (ab 1174), der geschlossenste Sakralbau Siziliens. Seine Hauptfassade wird von zwei gewaltigen Türmen – ähnlich wie beim Dom in Cefalù – eingerahmt. Im Kircheninneren sind die ca. 6 340 m² Wandfläche mit prächtigen Goldmosaiken bedeckt, die unter anderem Szenen aus dem Alten und Neuen Testament darstellen – der größte Mosaikzyklus des Abendlandes übrigens!

   Absolut sehenswert ist auch der Kreuzgang (Mo–Fr 9–18.30, im Winter bis 17.30, Sa 9–13, So 9–12.30 Uhr,

Normannisch-arabische Baukunst in Vollendung: der Kreuzgang des Benediktinerklosters in Monreale

Eintritt € 4) des **Benediktinerklosters** mit geschmückten Arkaden und einem romantischen Garten im Innenhof.

👁 ❷ **Duomo di Santa Maria la Nuova**
Piazza Guglielmo II, Monreale
✆ 091 640 44 13, www.cattedralemonreale.it
Tägl. 9–12 und 15–18 Uhr

Figürliches Kapitell im Kreuzgang des Benediktinerkloster in Monreale

Piana degli Albanesi
Eine Panoramastraße führt zu dem malerisch gelegenen Ort mit 5900 Einwohnern, gute 20 km südlich von Palermo. Das 1488 von griechisch-orthodoxen albanischen Christen gegründete kleine Städtchen ist der Sitz des griechisch-katholischen Bischofs, der die in Italien lebenden Albaner betreut. Ferner spricht man hier einen eigenen Dialekt und pflegt albanische Traditionen. Sehenswert sind die orthodoxen Kirchen **San Giorgio** und **San Demetrio** (16. Jh.) mit ihren byzantinischen Ikonen.

Santa Flavia
Südlich des kleinen, netten Fischerortes nahe Bagheria, in dessen einfachen Lokalen man fangfrischen Fisch genießen kann, werden am Kap Solanto in einer trutzigen normannischen Burg Fische verarbeitet.

❸ **Cefalù**
Trotz lebhaftem Tourismus hat sich dieses ausgesprochen malerische, mittelalterliche Städtchen mit 13 800 Einwohnern den Charme eines kleinen Fischerortes erhalten können. Es verfügt über alle Zutaten, die einen schönen Urlaub versprechen: eine nette Altstadt, traumhafte, kilometerlange Sandstrände, den 270 m hohen Aussichtsfelsen **Rocca di Cefalù**, gemütliche Trattorien und im Hinterland die **Madonie**, ein 77 000 Hektar großes Naturschutzgebiet mit alten Eichen- und Buchenbäumen.

Ihre Blütezeit erlebte die einst griechische Ansiedlung mit dem Namen Kephaloidion unter der Herrschaft der Normannen. Roger II. ließ die dreischiffige Säulenbasilika des **Doms** (1140 begonnen, 1267 geweiht) bauen, die mit ihrem wuchtigen Querhaus und Chor zu den großartigsten normannischen Hinterlassenschaften auf Sizilien zählt. Die Vorderfassade wird dominiert von zwei massiven quadratischen Glockentürmen. Im Inneren des Gotteshauses beeindrucken ein wundervolles Goldgrundmosaik und der segnende Christus als Herrscher der Welt in der Apsis, angefertigt von Künstlern aus Byzanz (tägl. 8–12 und 15.30–18.30 Uhr).

In der Via Vittorio gelangt man über eine Treppe (ausgeschildert) zu einem arabischen Waschhaus, dem **Lavatoio Arabo**, das bis vor einigen Jahren noch genutzt wurde. Von ehemals vier Stadttoren ist nur noch die **Porta Marina** direkt am Meer erhalten geblieben, die wegen ihrer gotischen Form auffällt. Durch das Tor genießt man besonders bei Sonnenuntergang einen schönen Blick auf das Meer.

An der Piazza Garibaldi, residierte früher Roger II. im **Palazzo Osterio Magno** (13.–14. Jh., Haus Nr. 75). Dort beginnt auch der **Corso Ruggero**, die Haupteinkaufsstraße, die durch die Altstadt führt und in deren Nähe, genauer gesagt an der Piazzetta Spinola, die hübsche barocke **Chiesa Santo Stefano**, die »Fegefeuerkirche« aus dem 17. Jh. zu finden ist. Besondere Aufmerksamkeit verdient das üppig verzierte Eingangsportal.

Der sehenswerteste Bau in Cefalù ist zweifelsfrei der Dom im arabisch-normannischen Stil

Weiter über die Vicolo Saraceni führt ein steiler Weg (mit Treppen!) auf den 270 m hohen **Rocca di Cefalù**, von Einheimischen nur »La Rocca« genannt. Die Reste der normannischen Burg allein lohnen den Aufstieg nicht, aber darüber hinaus bietet sich ein herrlicher Blick über die Dächer der Altstadt, die Liparischen Inseln und das unendlich weite Meer.

ℹ️ **A.A.S.T.**
Corso Ruggero 77, 90015 Cefalù
✆ 09 21 42 14 58, 09 21 92 19 90, www.cefalu.it

🏛 **Museo Mandralisca**
Via Mandralisca 13, Cefalù
✆ 09 21 42 15 47, www.museomandralisca.it
Tägl. 9–13 und 15–17 Uhr, Eintritt € 5/3
Beherbergt neben einer bunten Mischung aus Antiquitäten, Münzen, Muscheln, die der Baron von Madralisca gesammelt hat, ein Highlight: Antonello da Messinas »Bildnis eines unbekannten Mannes« (l'ignoto marinaio, um 1470).

🌴 **Badestrand**
5 km westlich von Cefalù erstreckt ein herrlicher Strand, der zum Schwimmen und Faulenzen einlädt.

Ausflugsziele:

Santuario di Gibilmanna
Allein schon die Fahrt auf der herrlichen Panorama-

B7

straße mit einem Höhenunterschied von 800 m auf einer Strecke von 14 km macht den Besuch der beliebtesten Wallfahrtskirche Siziliens (17./18. Jh.) am Pizzo Sant' Angelo zu einem unvergesslichen Erlebnis. Die Außenfassade ähnelt der des Doms in Cefalù. Im Kapuzinerkloster ist das **Museo dell' Ordine** untergebracht, das unter anderem Krippenfiguren, einen Alabasterrosenkranz aus dem 16. Jh. und wertvolle Gemälde zeigt. (Tägl. 10–12 und 15–18, im Winter bis 17 Uhr, Eintritt € 4.)

Petralía Soprana

Von dem in luftigen 1147 m Höhe malerisch auf einem Felsplateau erbauten, mittelalterlichen Ort (7300 Einwohner), der bereits im 3. Jh. v. Chr. erwähnt wurde, kann man bis zu dem schneebedeckten Gipfel des Ätna sehen. Die beiden Türme der Kirche Santa Maria di Loretto (15. Jh.) stammen noch von der normannischen Burg, auf deren Ruinen das Gotteshaus (18. Jh.) errichtet wurde.

Petralía Sottana

Ein Highlight des beliebten Ferienorts (3500 Einwohner) in 1000 m Höhe, ähnlich wie Petralía Soprana auf einem Felsplateau gelegen, allerdings erst in der Normannenzeit entstanden, ist die **Chiesa della Trinità** mit dem steinernen Altar des Bildhauers Gian Domenico Gagini (1503–67) und 23 vom gleichen Künstler geschaffenen Szenen, die sich mit dem Leben Christi beschäftigen.

Die barocke **Chiesa Matrice** beherbergt ein kostbares Tryptichon aus dem 15. Jh.

Pittoresk auf einer felsigen Anhöhe liegt Enna, der »Nabel Siziliens«

Enna

Von der kleinsten und höchstgelegenen (931 m) Provinzhauptstadt der Insel mit 28 100 Einwohnern genießt man einen wunderschönen Weitblick. Wegen seiner strategisch ausgesprochen günstigen Lage auf einem Hochplateau war der Ort schon immer sehr begehrt. Der Grieche Kallimachos bezeichnete Enna als »Nabel Siziliens«.

Einst hatte die mächtige und uneinnehmbare Festung **Castello di Lombardia** 20 Wehrtürme, aber selbst mit den heute nur noch sechs erhaltenen sieht die Burg Friedrichs II. sehr imposant aus. Im Sommer finden in einem der drei Innenhöfe Freilichtaufführungen statt. Den Blick von dem 24 m hohen Torre Pisana sollten man sich nicht entgehen lassen!

Der dreischiffige **Dom** (1307) wurde nach einem schweren Brand im 15. Jh. im barocken Stil mit herrlicher Holzdecke und reicher Ausstattung wieder aufgebaut.

Das **Museo Alessi** zeigt unter anderem archäologische Ausgrabungen der Region, den Domschatz und eine kostbare Münzsammlung.

A.A.P.I.T.
Via Roma 411, 94100 Enna
☏ 09 35 52 82 88, 09 35 52 82 29
www.ennaturismo.info

Castello di Lombardia
Enna
☏ 09 35 50 09 62
Tägl. 8–20 Uhr, Eintritt frei

Museo Civico »G. Alessi«
Via Roma 465, Enna
☏ 09 35 50 31 65
Tägl. 9–13 und 16–19 Uhr, Mo. geschl.,
Eintritt € 3/2

Museo Archeologico
Piazza Mazzini 1, Palazzo Varisano, Enna
☏ 09 35 50 04 18
Tägl. 9–18.30 Uhr, Eintritt € 4,50
Zeigt archäologische Fundstücke aus der Gegend.

Ausflugsziele:

Morgantina

Die Reste der antiken Stadt Morgantina liegen ca. 40 km südöstlich von Enna. Im 11. Jh. v. Chr. gab es hier eine Siedlung der Sikuler, später hatten Griechen und dann Römer die Macht. Im 1. Jh. v. Chr. wurde der Ort von seinen Bewohnern verlassen. In dem gut erhaltenen, in den Hügel hinein gebauten

Theater aus dem 4. Jh. v. Chr. hatten einst rund tausend Zuschauer Platz (tägl. 9 Uhr bis 1 Stunde vor Sonnenuntergang, Eintritt € 5).

Nicosia

In 724 m Höhe liegt die ehemalige siklisch-griechische Gründung, 44 Kilometer von Enna entfernt. Ein Besuch ist nicht nur wegen des herrlichen Panoramablicks und der Via Salomone mit den prächtigen Herrschaftsvillen, sondern auch wegen der vielen Kirchen, vor allem der **Chiesa San Nicolò** (ab dem 14. Jh., dem Stadtpatron geweiht, Piazza Garibaldi) mit einem bunten Deckenfresko zu empfehlen.

Villa Romana del Casale

Etwa 6 Kilometer außerhalb der 1080 von Roger I. gegründeten Stadt Piazza Armerina befindet sich die Villa Romana del Casale (Via Cavour 15) mit bislang 50 freigelegten Zimmern, Innengarten, Thermen mit Swimmingpool und Fußbodenheizung. Absoluter Höhepunkt des Land- und Jagdsitzes eines hohen römischen Staatsbeamten aus dem 4. Jh. n. Chr., der seit 1997 zum UNESCO-Weltkulturerbe gehört, sind die Fußbodenmosai-

Einzigartig sind die zahlreichen gut erhaltenen Fußbodenmosaike der Villa Romana del Casale südlich von Piazza Armerina

ken, die zu den größten und schönsten aus antiker Zeit gehören. Entsprechend groß ist allerdings auch der Besucherstrom. Der hervorragende Zustand ist darauf zurückzuführen, dass die Villa von den Schlammmassen eines Erdrutschs bedeckt war und erst 1950 systematische Ausgrabungen begannen.

Zu sehen sind unter anderem die berühmten »Tanzenden zehn Mädchen«, bekleidet mit einer Art Bikini, und zahlreiche beeindruckende Jagdszenen im Wandelgang (✆ 09 35 68 76 67, www.villa romanadelcasale.it, www.piazza-armerina.it).

ÄOLISCHE/LIPARISCHE INSELN

Die Äolischen Inseln *(Isole Eolie),* nordwestlich von Milazzo im Tyrrhenischen Meer, sind alle vulkanischen Ursprungs und in der griechischen Mythologie Sitz des Windgottes Aiolos. Sie bestehen aus sieben Hauptinseln und einigen kleineren Inselchen. Lipari, Salina und Vulcano, die drei Hauptinseln, liegen sehr dicht beieinander. Lipari und Panarea hatten von der Jungsteinzeit (4. Jahrtausend v. Chr.) bis zur mykenischen Zeitepoche mit dem Export von Obsidian, einem vulkanischen, harten scharfen Gesteinsglas, florierenden Handel betrieben.

Für die Mitnahme von Fahrzeugen auf die Inseln gibt es folgende Einschränkungen: nach Lipari, Vulcano und Filicudi (1.7.–30.9.) nur bei einem Aufenthalt von mindestens einer Woche; nach Panarea und Stromboli (1.6.–31.10.) und nach Alicudi (1.7.–31.10.) dürfen in den angegebenen Zeiträumen grundsätzlich keine Fahrzeuge mitgebracht werden.

Wegen der einzigartigen, abwechslungsreichen Landschaft und des kristallklaren Wassers hat der Fremdenverkehr große wirtschaftliche Bedeutung, und doch sind die Inseln bisher vom Massentourismus verschont geblieben. Im November 2000 wurden sie in die UNESCO-Liste des Welterbes aufgenommen. Von Milazzo aus verkehren Fähren und Schnellboote am häufigsten und auch preiswertesten zu den Inseln, die meisten steuern Lipari an, von dort aus werden die anderen Inseln angefahren, die auch untereinander verbunden sind.

A.A.S.T. delle Isole Eolie
Corso Vittorio Emanuele 202
98055 Lipari
✆ 090 988 00 95
www.aasteolie.191.it

❹ Lipari

A/B8

Lipari, das antike *Meligunis*, ist mit seinen 37,6 km² die größte, abwechslungsreichste und meistbesuchte Insel des ganzen Archipels. Einst war das Eiland (11 500 Einwohner) mit seiner gleichnamigen Hauptstadt als Bezugsquelle für den damals begehrten Obsidian bekannt, heute als Lieferant von Bimsstein. Die Bimssteinlager erstrecken sich entlang der östlichen und nördlichen Küste und bilden den größten Teil des 476 m hohen Monte Pelato und des 602 m hohen Monte Chirica. Der letzte Ausbruch des Monte Pelato ca. 700 n. Chr. verschüttete römische Bauwerke aus dem 4. und 5. Jh. wie die Contrada Diana.

Über den kleinen Ort **Lipari** und den Hafen im Südosten der Insel wacht auf der einst mächtigen

Blick über das Tyrrhenische Meer zu den Äolischen und Liparischen Inseln

A/B8

antiken Akropolis das ehemalige spanische **Kastell** (16. Jh.), das noch Teile aus dem 4. Jh. v. Chr. aufweist. Die heutige **Kathedrale** steht auf den Grundmauern einer von den Normannen errichteten Kirche und ist die größte unter den fünf Kirchen des Burgbergs. Sie entstand im 17. Jh. und erhielt im 19. Jh. eine neue Fassade; in den 1970er Jahren wurde ein normannischer Kreuzgang entdeckt.

Nahe der Kathedrale zeigt das **Archäologische Museum** u.a. interessante Funde aus römischer und griechischer Zeit. Unter Castellaro und in der Gegend des Hafens (Pignataro) entspringen die Thermalquellen von San Calogero, die seit römischer Zeit für Heilzwecke genutzt werden.

3 km nördlich erstreckt sich der zweitgrößte Ort der Insel **Canneto**, in dessen Umgebung die meisten Strände liegen. Eine Ringstraße, die in Norden und Osten nahe der Küste und im Westen durch das Innere führt, erschließt die Insel.

A.A.S.T.
Via Vittorio Emanuele 202, 98055 Lipari
℡ 090 988 00 95, www.lipari.com
Mitnahme von Fahrzeugen: s. S. 25

Museo Archeologico Regionale Eóliano
Via del Castello, Lipari
℡ 090 988 01 74, 090 988 05 94
Tägl. 9–13 und 15–18 Uhr
Eintritt € 6/3

Filippino
Piazza Mazzini, Lipari
℡ 090 981 10 02, www.filippino.it, Mo geschlossen
Genießen Sie auf der großen Terrasse die leckeren Fischgerichte! €–€€€

B8

Vulcano

Vulcano (21,2 km², 470 Einwohner), die Sizilien am nächsten gelegene Insel, galt in der Antike als Sitz des Feuergottes Hephaistos. Die letzten größeren Ausbrüche des Vulkans **Gran Cratere** ereigneten sich 1888–90. Doch auch heute noch brodelt und dampft es, die Luft ist erfüllt von einem schwefelhaltigen Ge-

Heilende Natur
Die Natur-Moorbäder auf der Insel Vulcano sind vulkanischer Herkunft und weisen einen hohen Gehalt an Radon, Bicarbonat, Soda und Schwefel auf. Bereits in der römischen Kaiserzeit wurden die berühmten Thermalquellen von S. Calogero für Heilzwecke eingesetzt wie Diodorus Siculus, Chirone, Pyrrhus und Mercalli berichtet haben.

> ## Bimsstein
> Der weiße, poröse Stein ist ein vulkanisches Produkt, entstanden aus saurem, glasigen Magma, das durch Gasbläschen aufgeschäumt wurde und so leicht ist, dass es im Wasser schwimmt. Bimsstein findet Verwendung als Polier- und Schleifmittel, als Isolier- oder Filterstoff und beispielsweise bei Jeansstoff zur Erzeugung des Stone-Washed-Effekts. Der feine Staub, der beim Abbau entstand, führte bei den Arbeitern häufig zu einer Art Staublunge, die auch Liparose genannt wird.

ruch – es kann jederzeit passieren, dass der Vulkan wieder ausbricht.

Seit den 1970er Jahren ist eine Vielzahl von Hotels entstanden und der Tourismus hat sich zur Haupterwerbsquelle der Inselbewohner entwickelt, die bis dahin von Landwirtschaft und Weinanbau gelebt hatten.

Im Norden wird Vulcano durch eine Landenge, auf der die beiden Hauptorte **Porto di Levante** und **Porto di Ponente** liegen, mit der Halbinsel **Vulcanello** verbunden. Die Verbindung entstand erst um 1550 durch die stetige Ablagerung von Lavaschlacke.

Anziehungspunkte für Touristen sind die heißen Quellen am Strand bei Porto Levante, wo man sich im Heilschlamm suhlen kann, der schwarze Sandstrand von Porto di Ponente oder eine Wanderung auf den 391 m hohen Vulkan, dessen Krater einen Durchmesser von etwa 500 m hat und den man umrunden kann (festes Schuhwerk erforderlich, Dauer der Tour ca. 2 1/2–3 Std., Zugang € 4).

ℹ️ **A.A.S.T.**
Porto di Levante, Via Provinciale, 98050 Vulcano
✆ 09 09 85 20 28 (Juli–Sept.), www.portaledelleeolie.it

Stromboli

Die Insel Stromboli (12,6 km², 540 Einwohner) besteht aus einem 924 m hohen Vulkankegel, dessen größerer Teil von 2 000 m unter der Meeresoberfläche liegt und der ständig aktiv ist. Der nicht ganz ungefährliche Aufstieg (ca. 4 Std.) zum Vulkan, der regelmäßig heiße Glutfontänen ausspuckt, darf nur mit autorisierten Bergführern unternommen werden. Als Vorbereitung kann man im Internet unter www.stromboli.net eine kleine virtuelle Wanderung unternehmen!

Zwei Orte gibt es auf der Insel: das kleinere **Ginostra** (ca. 27 Einwohner) im Südwesten und den Ort **Stromboli** im Nordosten. Die Küste besteht überwiegend aus steilen Felsen, kleinere Strandabschnitte mit schwarzem Sand oder Kies gibt es nur um Stromboli.

A3

Im Hafen von Lipari auf der gleichnamigen Insel

Ufficio Informazioni
Piazzale San Vincenzo, 98050 Stromboli
✆ 09 098 60 23

Salina

Die zweitgrößte Liparische Insel (26,8 km², 2400 Einwohner) wird wegen ihrer aktiven Landwirtschaft (Kapern, Feigenkakteen, Obst und Malvasia-Wein) aufgrund des Wasserreichtums auch »grüne Insel« genannt. Die höchsten Erhebungen aller Inseln, die Zwillingsberge des **Monte delle Felci** (962 m) und des **Fossa dei Porri** (859 m) sind erloschene Vulkane. Da es kaum Strände gibt, blieb die Insel von allzu großer Erschließung bewahrt, das Leben läuft weitgehend ursprünglich. Taucher finden allerdings ausgezeichnete Bedingungen für ihren Sport.

Fähren legen im gepflegten, aber verschlafenen **Santa Maria Salina** im Osten oder im Dörfchen **Rinella** im Süden an, der größte Ort ist **Malfa** im Norden mit 880 Einwohnern. Im Dörfchen Pollara drehte Regisseur Michael Radford seinen berühmten Film »Il Postino« (der Briefträger) nach dem gleichnamigen Roman von Skármeta mit Philippe Noiret als Pablo Neruda und Massimo Troisi als Postbote.

Die Inselchen Filicudi, Alicudi und Panarea

Filicudi (10 km²), ein sehr ruhiges Inselchen, ist von Felsen umgeben, von denen der Canna, ein natürlicher, 85 m hoher Obelisk, besonders ins Auge sticht. Sehenswert sind die Lichtbrechungen in der Grotte »La Grotta del Blue Marino«.

Alicudi (5 km²), die am westlichsten liegende kleine Insel mit dem erloschenen Vulkan Montagnola (675 m), steuern nur wirklich Ruhesuchende an – Autos, Hotels und aktives Nachtleben gibt es hier nicht.

Panarea (3,4 km²), Treffpunkt von Nobeltouristen, zeichnet sich durch seine unberührte Natur und seine weißen Häuser, die engen Gässchen und den hübschen Blumenschmuck in den drei Dörfern im Osten der Insel aus. Auf dem Kap **Capo Milazzese** sind Reste einer jungsteinzeitlichen Siedlung zu bewundern. Autos dürfen von Mai bis Oktober nicht mit auf die Insel gebracht werden.

DER OSTEN SIZILIENS VON MESSINA BIS CATÁNIA UND DIE ÄTNA-REGION

Die Ostküste ist die am meisten besuchte Region Siziliens, nicht zuletzt, weil dazu Catánia, Taormina und der größte Vulkan Europas, der Ätna, gehören. Leider hatte dies auch zur Folge, dass die Küste besonders zwischen Messina und Taormina komplett zugebaut wurde. Und wo keine Hotels und Ferienanlagen stehen, gedeihen auf dem durch die Asche des Ätna fruchtbaren Boden Obstplantagen, Gemüse kann sogar mehrmals im Jahr geerntet werden.

Messina

Wenn man mit dem Zug oder dem Auto nach Sizilien reist, kommt man in Messina (241 300 Einwohner) an. Deshalb wird die auf einer sichelförmigen Landzunge angelegte, drittgrößte Stadt der Insel, nur gute 3 Kilometer von Italiens Stiefel entfernt, auch das »Tor zu Sizilien« genannt. *Zancle* – »Sichel« hieß Messina in sikulisch-griechischer Mundart, bis Anaxylas, Tyrann von Reggio, ihr den heutigen Namen gab.

A/B13

Der erstmalig 1998 beschlossene Bau einer Brücke über die Meerenge von Messina wurde 2007 vorübergehend auf Eis gelegt. Der bis 2008 regierende Ministerpräsident Romano Prodi erklärte, dass seine Regierung den Bau nicht unterstützen würde, und der Verkehrsminister Alessandro Bianchi bezeichnete das geplante Projekt als »das unsinnigste und schädlichste für Italien in den vergangenen hundert Jahren«. Trotzdem wurde der Brückenbau von Silvio Berlusconi ab 2008 massiv vorangetrieben. Nun verkündete der amtierende Ministerpräsident Mario Monti wegen leerer Haushaltskassen das endgültige Aus des Großprojektes.

Per Schiff passiert man die Meerenge von Messina auf dem Weg nach Sizilien

Seit 1887 in Betrieb: der Leuchtturm Punta San Raineri (Fort Campana, Messina)

Das Erdbeben am 28. Dezember 1908 um 5.20 Uhr – das bislang letzte in einer langen Reihe seit der Antike – mit einer gigantischen Flutwelle kostete 60 000 Menschen das Leben. Aber Messina wäre nicht Messina, wenn es sich davon einschüchtern lassen würde! So baute man beispielsweise den **Dom** (Mo–Sa 9–13 und 16–18.30 Uhr) mit seinem Campanile und der berühmten Turmuhr genau so wieder auf, wie er 1160 von Roger II. in Auftrag gegeben und 1197 vom Stauferkaiser Heinrich VI. geweiht wurde. Die dreischiffige, kreuzförmige Pfeilerbasilika wurde zweimal zerstört, das erste Mal durch das schwere Erdbeben 1908, das zweite Mal durch eine Brandbombe im Jahr 1943.

Eine der größten astronomischen Uhren der Welt, 1933 von der Straßburger Firma Ungerer angefertigt, schlägt in dem 60 m hohen **Campanile**. Mittags um 12 Uhr setzt sich das beeindruckende Glockenspiel mit Szenen aus der Geschichte der Stadt in Bewegung. Die Orgel im Querschiff des Kircheninneren mit 170 Registern und fünf Klaviaturen ist die größte Italiens.

Direkt vor dem Dom, auf der **Piazza Duomo** (idealer Ausgangspunkt für den Stadtrundgang) steht der **Orionbrunnen**, 1553 von G.A. Montorsoli, einem Schüler Michelangelos, geschaffen. Die vier Statuen symbolisieren die Flüsse Tiber, Nil, Ebro und Camaro, letzterer lieferte ursprünglich sogar das Wasser für den Brunnen. Wenige Meter südöstlich des Doms trifft man an der Via Garibaldi auf die kleine, mittelalterliche, dreischiffige Normannenkirche **Santissima Annunziata dei Catalani** (12./13. Jh.), die als einzige das Erdbeben von 1908 überstanden hat.

Schließlich lohnt sich ein Besuch des **Museo Regionale**, das neben Kunsthandwerk in der Pinakothek Werke vom 12. bis 18. Jh. zeigt, darunter das berühmte »Polyptychon des hl. Gregor« von Antonello da Messina (1473), dem berühmten Sohn der Stadt, und zwei Gemälde von Caravaggio.

A/B13

A.A.S.T.
Piazza Cairoli 45, 98122 Messina
℅ 090 293 52 92
www.azienturismomessina.it

Museo Regionale
Viale della Libertà 465, Messina
℅ 090 36 12 92, Di–Sa 9–19, So 9–13 Uhr
Eintritt € 4

Al Padrino
Via Santa Cecilia 54/56, Messina
✆ 09 02 92 10 00, www.alpadrino.it, So geschl.
In der Trattoria geht es etwas turbulent zu, aber es werden genauso einfache wie schmackhafte sizilianische Köstlichkeiten serviert.
€–€€

Ristorante Alberto
Via Ghibellina 95, Messina
✆ 090 71 20 57, So/Mo geschl.
Das Feinschmeckerlokal bietet beste italienische Küche zu allerdings nicht ganz günstigen Preisen. Fischgerichte probieren!
€€–€€€

Ristorante Sporting da Alberto
Via Nazionale, Messina
✆ 090 32 10 09, 090 32 13 90
Mo geschl.
Das gute Restaurant mit herrlichem Meerblick offeriert unter anderem eine exzellente Auswahl an Antipasti und Stockfisch-Spezialitäten.
€€–€€€

Fähren nach Lipari und Vulcano
Mehrmals am Tag verkehren ab Messina Fähren (Siremar: ✆ 090 928 32 42, www.siremar.it, Snav, Anlegestelle Via Vittorio Emanuele II, ✆ 090 66 25 06) nach Lipari (1 1/2 Std.) und Vulcano.

Der Dom und der Campanile von Messina wurden im 12. Jh. unter normannischer Herrschaft errichtet

Ausflugsziele:

Punta del Faro `A13`
Das Kap mit dem alten Leuchtturm Faro liegt 12 km nördlich von Messina. Dort erhebt sich ein gigantischer Strommast, zu dem eine fast 4 km lange Stromleitung über die Meerenge führt. Von hier aus hat man einen herrlichen Blick auf das italienische Festland, und in Ganzirri kann man frischen Fisch oder frische Muscheln essen.

Milazzo

Der 716 v. Chr. von Griechen gegründete alte Hafen- und Fischerort (33 000 Einwohner, 35 km westlich von Messina) mit nahem Industriegebiet am Beginn einer 6 km langen, schmalen Landzunge wird von einer mächtigen, unter Friedrich II. erbauten und als Nationalmonument ausgewiesenen Burg bewacht. Das **Castello** wurde schon unter Arabern begonnen und immer wieder um- und ausgebaut. Von den Spaniern stammt der beeindruckende Ringwall. Von hier aus fahren mehrmals täglich Boote zu den Äolischen Inseln.

 A.A.C.S.T.
Piazza Caio Duilio 20, Milazzo
✆ 09 09 22 28 65

 Castello di Milazzo
Via Duomo Antico
✆ 09 09 23 12 92
Di–So 8.30–13.30 und 16.30–20.30 Uhr
Eintritt € 5

Tyndaris

Das alte Tyndaris wurde 396 v. Chr. auf einem 270 m hohen, strategisch günstig gelegenen Felsen von Dionysios I. von Syrakus neu gegründet, um die Nordküste besser vor feindlichen Angriffen schützen zu können. Der Felsen war aber bereits in der Vorgeschichte besiedelt und diente seit Jahrtausenden Griechen und Römern als heilige Stätte und Wallfahrtsort.

Antike Münze mit dem Kopf des Apollo aus Tyndaris (um 254–214 v. Chr.)

In der **Zona Archeologica** (✆ 09 41 36 90 23, tägl. 9–19 Uhr, Eintritt € 4) sind die Reste der antiken Stadt wie die Basilika, das Griechische Theater (Teatro Greco, gute 60 m Durchmesser) und die Thermenanlage zu bewundern. Vom römischen *Peristyl* (Säulenhalle) aus genießt man einen herrlichen Blick auf die Liparischen Inseln. Wer sich nach der Kultur etwas Erholung gönnen möchte, sollte unbedingt das **Mare Secco**, einen weit ins Meer reichenden schönen Sandstrand unterhalb von Tyndaris (bei Oliveri) besuchen.

Die Schwarze Madonna von Tyndaris
Alljährlich am 8. September zieht es Tausende von Gläubigen zum **Santuario della Madonna Nera** (Wallfahrtskirche der Schwarzen Madonna). Das auf dem Hochaltar verehrte Gnadenbild, eine byzantinische Madonnenstatue mit Kind, kam im 8. oder 9. Jh. aus Konstantinopel nach Sizilien. Das Schiff, mit dem sie transportiert wurde, geriet jedoch direkt vor Tyndaris in Seenot und konnte erst weiter ziehen, als es sich seiner wertvollen Last entledigt hatte. So kam das Marienbild in den Ort – schenkt man der Legende glauben.

Mit der Seilbahn geht's nach Mazzarò
Den Hausstrand von Taormina in Mazzarò erreicht man bequem mit einer **Funivia** (Seilbahn) von Taormina aus. Die Fahrt dauert nur zwei Minuten (alle 15 Min., €1,80). Man kann die Bucht aber auch über viele Stufen, vorbei an herrlich blühenden Bougainvilleen zu Fuß oder über eine kurvenreiche Straße mit dem Auto ansteuern.

Taormina

Hoch über dem Ionischen Meer, an den Ausläufern des Monte Tauro liegt Siziliens meistbesuchter Ferienort (11 090 Einwohner) mit dem schönsten Freilichttheater der Welt, angenehmem Klima und einer üppig blühenden Landschaft. In den Sommermonaten sollte man den Ort meiden, denn dann platzt er aus allen Nähten.

C12

Die strategisch wichtige Lage auf einem gewaltigen Felsvorsprung veranlasste den Karthager Hamilkar hier 396 v. Chr. das antike *Tauromenion* zu gründen. Unter der Herrschaft der Römer erhielt es Privilegien und war Erholungsort für Reiche, einige Zeit sogar Hauptstadt, bis es auch von den Arabern erobert und nach den Kriegszerstörungen wieder aufgebaut wurde. Im 19. Jh. zog es wohlhabende Intellektuelle in den Ferienort, wie beispielsweise den Fotografen Baron Wilhelm von Gloeden, dessen homoerotische Fotos junger Sizilianer, zum Teil nur mit einem Lorbeerkranz bekleidet, auch heute noch in vielen Souvenirläden verkauft werden.

Die Stadtbesichtigung beginnt man am besten beim weithin sichtbaren **Teatro Greco**. In römischer Zeit (2. Jh.) wurde das eigentlich hellenistische Theater für Gladiatorenkämpfe und Circusspiele komplett umgebaut. Von der Tribüne *(Cavea)* aus genießt man besonders in der klaren Morgenluft einen herrlichen Blick auf das Meer und den Ätna, was zu Zeiten der Römer nicht möglich war, weil eine mehrgeschossige

dC3

Spektakuläre Kulisse für das Teatro Greco in Taormina: der Ätna

Rekonstruktion des Teatro Greco in Taormina

Bühnenwand, die zwischenzeitlich zum größten Teil wieder eingestürzt ist, die Sicht versperrte. Dank seiner 109 m Durchmesser ist es das zweitgrößte Theater der Insel und bot einst 30 000 Zuschauern Platz. Jedes Jahr im Juli und August kann man während des Musikfestivals **Taormina Arte** neben der ausgezeichneten Akustik auch unvergesslich schöne optische Eindrücke genießen (℡ 09 42 211 42, www.taormina-arte.com).

dB2

In dem zinnenbekrönten **Palazzo Corvaja** aus dem 15. Jh. nahe dem antiken Theater hat heute im Erdgeschoss das Fremdenverkehrsamt sein Domizil, einige Räume des Gebäudes können besichtigt werden.

dC1–
dB2

Taorminas verkehrsfreie Hauptflaniermeile, die von der Porta Messina zur Porta Catánia führt, heißt **Corso Umberto**. Zinnengekrönte Paläste, edle Boutiquen, verführerische Konditoreien und noble Cafés und Bars wie die »Wunderbar«, in der schon Liz Taylor und Richard Burton gesehen wurden, säumen die beiden Seiten.

dB2

A.A.C.S.T.
Palazzo Corvaja, Piazza S. Caterina
98039 Taormina, ℡ 09 42 232 43
www.taormina.it, www.gotaormina.com

dC3

Teatro Greco
Via del Teatro Greco, Taormina
℡ 09 42 23 22 20
Tägl. 9 Uhr bis 1 Std. vor Sonnenuntergang
Eintritt € 5

dB2

Palazzo Corvaja
Piazza Vittorio Emanuele I, Taormina
℡ 094 262 01 98
Di–So 9–13 und 16–20 Uhr
Eintritt € 3/2

Ristorante al Duomo
Piazza Duomo, Taormina
℃ 09 42 62 56 56, www.ristorantealduomo.it
12.30–15 und 19.30–23 Uhr, Mi geschl.
Von diesem Restaurant aus, das auch gerne von Einheimischen besucht wird, genießt man einen schönen
Blick auf den abends beleuchteten Dom. €–€€€

Ristorante a'Zammara
Via Fratelli Bandiera 15, Taormina
℃ 094 22 44 08, www.ristoranteazammara.it
Mi geschl., außer Juli–Sept.
Auf einer gemütlichen Terrasse werden unter ande-
rem köstliche Fischgerichte offeriert. €€–€€€

Maffei's
Via San Domenico de Guzman 1, Taormina
℃/Fax 094 22 40 55, www.ristorantemaffeis.com
Unbedingt reservieren (nur 10 Tische)
Neben ausgezeichneter sizilianischer Küche stehen
gute lokale Weine auf der Karte. €€

Marrakech
Piazza Garibaldi 2, Taormina
℃ 09 42 62 56 92

Open-Air-Nightclub Tout Va
Via Luigi Pirandello 70, Taormina
℃ 09 42 238 24
Unter dem Teatro Greco, mit hervorragender Aussicht; oft Livemusik, Eintritt je nach Veranstaltung.

Ausflugsziele:

Castelmola
Wem der Trubel in Taormina zu groß ist, der sollte
den ruhigen, beschaulichen, 5 km von Taormina ent-

C12

Die »Kleine Perle« des Ionischen Meeres: die Isola Bella bei Taormina

fernten Bergort besuchen. Castelmola liegt oberhalb von Taormina auf dem Monte Venere (885 m) und bietet einen herrlichen Ausblick.

Chiesa di Santissimo Pietro e Paolo

Nahe den Ortschaften Scifi und Casalvecchio Siculo (ca. 25 km nördlich von Taormina) steht mitten im Grünen – fast etwas verloren – die normannische Klosterkirche. Das zinnengekrönte, dreischiffige Gotteshaus, 1117 von Roger II. aus roten Ziegeln, schwarzen Lavasteinen und weißem Marmor erbaut, zählt zu den ungewöhnlichsten Kirchen Siziliens. Sie hat zwei Geschosse und zwei Kuppeln und zeigt byzantinische und arabische Einflüsse.

Forza d'Agrò

Sein ursprüngliches Flair hat sich der Bergort Forza d'Agrò (960 Einwohner) erhalten, wo man neben drei Kirchen auch eine Burgruine (16. Jh.) besichtigen kann, die seit langem als Friedhof genutzt wird.

Giardini-Naxos

Der beliebte Badeort liegt 5 km südlich von Taormina am Fuß des Monte Tauro. In Naxos gründeten die griechischen Einwanderer 735 v. Chr. ihre erste sizilianische Ansiedlung.

Góla d'Alcàntara

15 km westlich von Taormina (SS 185, Autobahnausfahrt Giardini) rauscht der wilde Fluss Alcàntara durch eine bis zu 50 m tiefe Basaltschlucht und hat die Felswände zu bizarren Kunstwerke geformt. Es macht Spaß, die Schlucht barfuß zu erkunden, allerdings beträgt die Wassertemperatur selbst während der heißen Sommermonate nur maximal 12 Grad. Am Parkplatz kann man sich aber auch hüfthohe Gummistiefel ausleihen.

🍴 La Cambusa

V. Schiso 3, an der SS 114 nach Giardini-Naxos
☏ 094 25 14 37, www.lacambusaristorante.com
Leckere Pasta-Gerichte und eine große Auswahl an Pizzen. Auf der schönen Terrasse speist es sich entspannt. €€

❺ Ätna und Region (ital. Monte Etna)

Westlich und etwa gleich weit von Taormina und Catánia entfernt (30 km) liegt Europas berühmter und letzter Feuer speiender Vulkan (140 km Umfang, durchschnittlich 3 342 m hoch) mit drei Haupt- und über 200 Nebenkratern. *Mongibello* (Berg der Berge, abgeleitet vom italienischen *Monte* und arabischen *Djebel*, beides bedeutet Berg) nennen die Sizilianer

Ein einmaliges Erlebnis: Wanderungen im Naturpark Ätna

ihren Vulkan. Wegen des hohen Gehaltes an Mineralien ist der Boden rings um den Ätna ausgesprochen fruchtbar und wird unter anderem für den Anbau von Agrumen (Alcántara-Tal), Pfirsichen (Fiumefreddo) und Artischocken (Motta Sant'Anastasia) genutzt. Nicht zu vergessen die Weinreben und Ölbäume, die man in ca. 1200 m Höhe anpflanzt.

Ab 2500 m Höhe trifft man auf keinerlei Vegetation mehr. Das Gebiet um den Ätna wurde 1981 zum Parco Naturale dell'Etna (vgl. auch Stichwort »Naturparks« S. 80) erklärt und zählt mit seinen 60 000 Hektar zu den größten des Landes.

Der bisher schwerste Ausbruch des Ätna ereignete sich 1669, als die Lava halb Catánia begrub und erst im Meer zum Stillstand kam. Auch 2001 und 2003 richtete der Ätna Verwüstungen an.

Die gängigste Autoroute auf den Ätna beginnt im 700 m hoch gelegenen **Nicolosi**, 15 km von Catánia, und endet bei der 1 935 m hoch gelegenen Station des Alpenvereins **Rifugio Sapienza**. Von dort aus geht es entweder per Kabinenbahn zur Bergstation La Montagnola (2 500 m, € 24), wo man in ein Geländeauto der SITAS (weitere € 21) umsteigt und – natürlich abhängig von der jeweiligen Wetterlage – zum Piano del Lago (2 915 m) fährt oder bis zum Torre del Filosofo (Turm des Philosophen, 2 918 m), nach dem Philoso-

D11

D11

Wer die Gegend rings um den Ätna auf bequeme Art kennenlernen möchte, sollt sich drei Stunden Zeit nehmen. So lange nämlich dauert die Fahrt mit der **Circumetnea** (℮ 095 54 12 50, www.circumetnea.it), der Ätna-Bahn. Die Schmalspurbahn startet ihre 115 km lange Rundfahrt um den Vulkan am Bahnhof der FCE in Catánia und endet in **Giarre** (nördlich von Catánia). Zurück nach Catánia kommt man per Bus oder mit dem »normalen« staatlichen Zug.

phen Empedokles (ca. 483–425 v. Chr.) aus Akragas benannt, der hier ums Leben gekommen sein soll.

Für die Besteigung des Ätna, eines der am beeindruckendsten Erlebnisse einer Sizilienreise, benötigt man unbedingt festes Schuhwerk und Schutz gegen Kälte und/oder Wind und Verpflegung, vor allem Wasser. Wer Ski fahren möchte, sollte kurz vor der Hütte zum Grande Albergo Etna (1 715 m) abbiegen.

i **Visitor Center of the Parco dell'Etna**
Via del Convento 45, 95030 Nicolosi
✆ 095 82 11 11
www.parks.it/parco.etna
www.parcoetna.it, www.vulkan-etna-update.de

Orte im Bereich des Ätna:

Nicolosi
In dem 698 m hoch gelegenen Ort beginnt die Standardroute zum Rifugio Sapienza und auf den Ätna. Nicolosi wurde mehrfach von Ausbrüchen zerstört und weist nichts Erwähnenswertes auf.

i **A.A.S.T.**
Piazza Vitt. Emanuele 45, 95030 Nicolosi
✆ 095 91 44 88, Mo–Sa 9–14 Uhr
Hier und im Bergführerbüro erhält man Auskünfte über Wetter- und Straßenverhältnisse und kann Ausflüge buchen.

i **Bergführerbüro SITAS**
Piazza Vittorio Emanuele 45, Nicolosi
✆ 095 91 15 58

Adrano
37 km nordwestlich von Catánia gründete Dionysios I. von Syrakus auf einer Lavaterrasse oberhalb des Simeto-Tals am Südwesthang des Ätna den heute sympathischen Ort, der durch seine zahlreichen Grünanlagen auffällt. Roger I. (1031–1101) ließ mitten im Ort ein quadratisches, normannisches Kastell mit Wehrtürmen erbauen. Heute beherbergt es ein Archäologisches Museum mit Funden aus sikulischer und griechischer Zeit.

Museo Archeologico di Adrano
Piazza Umberto I., Adrano
✆ 095 769 16 22
Di–Sa 9–19, So 9–13.30 Uhr, Eintritt € 4/2

Centuripe
Das kleine Örtchen – wegen seines fantastischen Ausblicks auch »Siziliens Balkon« genannt – sollte man

Catánia gilt als eine der schönsten Städte auf Sizilien

möglichst im Frühjahr besuchen, wenn der Ätna noch seine Schneemütze trägt, während im Tal schon Orangen- und Mandelbäume blühen.

Paternò

Die Gegend rund um Paternò am Südwesthang des Ätna ist dank ihrer fruchtbaren Lavaböden zum Zentrum des Orangenanbaus geworden. Dominiert wird das Städtchen von dem mächtigen **Kastell**, das Roger I. 1073 erbauen ließ und seiner Tochter schenkte.

Randazzo

Trotz der Nähe zum Ätna wurde der Ort nie von Vulkanausbrüchen zerstört, das besorgten jedoch Bomben im Zweiten Weltkrieg. Aber alle prächtigen Adelspaläste und Kirchen aus dem schwarzen Lavagestein des nahen Ätna wurden wieder hergestellt. So auch die Kathedrale **Madre di Santa Maria**, deren älteste Teile aus dem 13. Jh. stammen. Randozza liegt an der Schmalspurbahnstrecke, die den Ätna umrundet (vgl. S. 37).

Catánia

Die wirtschaftlich bedeutendste, lebendigste und zweitgrößte Stadt Siziliens (291 300 Einwohner) liegt nur 30 km entfernt von dem letzten großen aktiven Vulkan Europas, dem Ätna. Kein Wunder also, dass die Geschichte der Stadt, die von den Einheimischen auch »Tochter des Ätna« genannt wird, eng mit dem Berg verknüpft ist. Mehr als einmal wurde das 729 v. Chr. von den Chalkydiern gegründete *Katane* durch Vulkanausbrüche und Erdbeben zerstört, das letzte Mal 1693, nachdem 1669 bereits die Hälfte der Stadt von dem Lavastrom bedeckt worden war.

Einen großen Aufschwung erlebte die heutige Provinzhauptstadt Catánia unter der Herrschaft der Araber, die aus dem Ort ein bedeutendes landwirtschaftliches Zentrum machten. Die Spanier gründeten hier die erste Universität der Insel, die noch heute besteht und deren Studenten nicht nur ein Sechstel der Bevölkerung ausmachen, sondern auch zur Lebendigkeit und Buntheit der Stadt beitragen.

Die verkehrsfreie **Piazza del Duomo** eignet sich gut als Startpunkt für einen Stadtbummel. Nach den Zerstörungen durch die Naturkatastrophen wurde Catánia Ende des 17. Jh. nach den Plänen des berühmten Palermer Architekten Giovanni Batista Vaccarini im Barockstil neu aufgebaut. Dazu gehört auch der **Duomo di Sant'Agata** an der Ostseite dieses Platzes, der der Schutzpatronin der Stadt, der heiligen Agatha, geweiht ist und der 1693 auf den Resten des normannischen Vorgängerbaus (11. Jh.) errichtet wurde.

Die dreischiffige, kreuzförmige Pfeilerbasilika weist im Inneren eine beeindruckende Tambourkuppel und das einfach gestaltete Grab des berühmtesten Sohnes der Stadt, des gefeierten Opernkomponisten Vincenzo Bellini (1801–35), auf. Ein interessantes Fresko (1669) in der Sakristei zeigt Catánia kurz nach dem Ausbruch des Ätnas.

In der **Cappella di Sant'Agata** in der rechten Apsis befinden sich in einem silbernen Kästchen die Gebeine der heiligen Agatha. Dieses kostbare Reliquiar wird alljährlich am 5. Februar auf einem *ferculum*, einer Art Tempel mit Rädern, während einer Prozession durch den Ort gezogen.

Unübersehbarer Mittelpunkt der Piazza del Duomo ist die **Fontana dell'Elefante** (Elefanten-Brunnen), das Wahrzeichen der Stadt. Giovanni Battista Vaccarini schuf den Brunnen 1736 nach dem Vorbild von Bernini auf der Piazza della Minerva in Rom. Der spätrömische Elefant wurde aus Lavagestein gehauen und trägt einen 4 m hohen ägyptischen Obelisken auf seinem Rücken. An dessen Spitze befindet sich auf der Weltkugel ein christliches Kreuz.

Nordwestlich vom Dom gelangt man zur Piazza Bellini mit dem **Teatro Massimo Bellini**, einem Prachtbau des Architekten Carlo Sada, der sich für seinen Entwurf von der Opéra Garnier in Paris inspirieren ließ. Das Opernhaus, 1890 ganz im Stil der Neurenaissance errichtet, zählt zu den schönsten Italiens und verfügt über eine ausgezeichnete Akustik. Bei der feierlichen Eröffnung am 31. Mai 1890 kam Bellinis Oper »La Norma« zur Aufführung. Der Bühnenvorhang, 1883 von Guiseppe Sciuti gefertigt, zeigt den »Sieg der Catanier über die Libyer«.

Richtung Südwesten führen viele Stufen von der Piazza del Duomo zur Via Garibaldi und damit zum **Mercato della Pescheria**, einen farbenprächtigen

Fischmarkt, der als der schönste der Insel gilt (Mo–Sa vormittags). Hier werden nicht nur Fische, sondern auch andere Lebensmittel verkauft – ein echter sizilianischer Augen- und Ohrenschmaus. Handeln ist erwünscht!

Unterhalb der Via Garibaldi liegt die Piazza Federico di Svevia (Platz Friedrichs von Schwaben) mit dem **Castello Ursino**, dem einzigen mittelalterlichen Gebäude der Stadt, 1239–50 von Ricardo da Lentini im Auftrag von Friedrich II. errichtet. Die ganz aus schwarzem Lavastein gebaute trutzige Burg mit vier Türmen stand früher direkt am Hafen. Die großen Lavaströme von 1669 flossen jedoch um die Burg und schoben so die Küstenlinie weiter

Buntes Treiben auf dem Mercato della Pescheria in Catánia

ins Wasser vor. Das Kastell beherbergt das **Museo Civico** (Stadtmuseum), in dem unter anderem römische, hellenistische und mittelalterliche Skulpturen sowie eine wertvolle Gemäldesammlung zu sehen sind.

Am Südhang der ehemaligen griechische Akropolis befindet sich das **Teatro Greco Romano**, das Griechisch-Römische Theater. Das aus Kalkstein, Ziegelsteinen und Lava errichtete Gebäude hat einen Durchmesser von 87 m und bot 7 000 Zuschauern Platz. An der Stelle der früheren Akropolis, auf der Piazza Dante, erhebt sich die monumentale barocke Kirche des ehemaligen Benediktinerklosters, die **Chiesa San Nicolò** (1695–1735), deren Fassade allerdings nie vollendet wurde. Das Innere des dreischiffigen Gotteshauses wird von einer großen, 60 m hohen Kuppel überwölbt, die man wieder besteigen kann, wenn die derzeit andauernden Restaurierungsarbeiten abgeschlossen sind.

Schräg gegenüber befindet sich die **Casa Bellini**, das Geburtshaus des berühmten Komponisten Vincenzo Bellini (1801–35), in dem heute das **Museo Civico Belliniano** untergebracht ist. Zu sehen sind unter anderem Musikinstrumente, persönliche Gegenstände und handgeschriebene Partituren. Damit hat man die einen Kilometer lange Prachtstraße **Via Crociferi** erreicht, gesäumt von üppigen Barockpalästen und ebensolchen Kirchengebäude, darunter **San Francesco d'Assisi**. In diesem Gotteshaus stehen die so genannten *Candelore*, ein vergoldetes Schnitzwerk aus Holz, das die in Catánia beheimaten Handwerkszünfte symbolisiert und das beim Fest der heiligen Agatha im Februar feierlich durch die Stadt getragen wird.

Die Verlängerung der Via Crociferi führt zur **Villa Bellini**, dem verträumten Stadtpark mit uralten Bäumen, einem im Jugendstil errichteten Musikpavillon und einem Aussichtshügel.

Info Point
Stazione Centrale FF.SS, Fontanarossa
95121 Catánia
℗ 095 093 70 24, www.turismo.catania.it

Info Point Flughafen
Aeroporto Internationale »Vincenzo Bellini«
Piazza Giovanni XXIII, 95129 Catánia
℗ 095 093 70 24, www.aeroporto.catania.it

Duomo di Sant'Agata
Piazza del Duomo, Catánia
℗ 095 32 00 44
Mo–Sa 9–12 und 15–18, So/Fei 9–10 und 16.30–18 Uhr

Castello Ursino
Piazza Federico di Svevia, Catánia
℗ 095 34 58 30, tägl. 9–13.30 und 14.30–19 Uhr
Eintritt frei

Museo Civico Belliniano
Piazza S. Francesco d'Assisi 3, Catánia
℗ 095 715 05 35
Tägl. 9–13 Uhr, Eintritt frei

Teatro Massimo Bellini
Via Perrotta 12, Catánia
℗ 095 730 61 11, www.teatromassimobellini.it
Di–So 9.30–12 Uhr, Besichtigung nur mit Führung
Eintritt €5/3

Teatro Greco Romano
Via Vittorio Emanuele 266, Catánia
℗ 095 715 05 08, Mo–Sa 9–13 und 14.30–19, So 9–13 Uhr
Eintritt € 4,50

Lido di Plaia
Catánias beliebter Badestrand erstreckt sich ca. 5 km südlich der Stadt.

La Paglia
Via Pardo 23, Catánia (nahe des Doms)
℗ 095 34 68 38, So geschl.
Die direkt im Fischmarkt liegende Trattoria hat sich – lagebedingt – der Meeresküche verschrieben und bietet wirklich frischen Fisch an. €–€€

Ristorante al Massimo
Via Teatro Massimo 25–27, Catánia
℗ 095 617 05 38, www.ristorantealmassimo.com
Mi geschl.

Das mit viel Kunst eingerichtete Restaurant zieht besonderes ein jüngeres Publikum an, darunter viele Studenten. €–€€

 Trattoria Monte Sant'Agata
Via Monte Sant'Agata 11/13, Catánia
℃ 095 31 54 53, So geschl.
Wer die wirklich echte catanesische Küche kennenlernen möchte, sollte in die Seitenstraße der Via Etnea kommen. €–€€

Mit einem dreitägigen Straßenfest ehren die Bewohner von Catánia ihre Schutzheilige Sant'Agata

 Antica Gelateria Savia
Via Etnea 302/304 (gegenüber der Villa Bellini), Catánia
℃ 095 32 23 35, www.savia.it
Tägl. 8–21 Uhr, Mo und Mitte Juli–Mitte Aug. geschl.
In der bereits 1897 gegründeten traditionellen Eisdiele sollten Sie sich unbedingt eine der Cassata-Eissorten gönnen!

Festa de Sant' Agata
3.–5. Februar, 17. August, www.festedisicilia.it
Fest zu Ehren der Stadtheiligen, die im 3. Jh. der Märtyrertod starb, weil sie nicht bereit war, die Annäherungen des römischen Konsuls Quintianus hinzunehmen. Sie gilt auch als Schutzpatronin vor den Ausbrüchen des Ätna. Während der Prozessionen wird die im Dom aufbewahrte Büste durch die Stadt getragen.
Am 17. August findet ein weiteres Fest zu Ehren der Heiligen statt. An diesem Tag sollen im Jahr 1186 ihre Reliquien aus Konstantinopel zurückgekehrt sein.

Ausflugsziele:

❻ Acireale
15 km nördlich von Catánia liegt oberhalb der Steilküste die hübsche Barockstadt (53 200 Einwohner) mit dem Beinamen »Stadt der 100 Glockentürme«. Der monumentale **Duomo** (1597–1618) beherrscht die gleichnamige Piazza. Rechts daneben glänzt die **Chiesa dei Santi Pietro e Paolo** mit einer schönen Säulenfassade (18. Jh.), der barocke Palazzo Comunale (1659) beherbergt das Rathaus. Das Museum **Pinacoteca dell'Accademia Zelantea** zeigt archäologische Funde, darunter eine berühmte Caesarenbüste, und Gemälde aus dem 17. und 18. Jh.

D12

Pinacoteca dell'Accademia Zelantea
Via Marchese di San Giuliano 15, Acireale
℃ 095 763 45 16, www.accademiadeglizelanti.it
Di–Fr 10–13 und 15.30–18.15, Sa 10–13 Uhr
Eintritt frei

Aci Trezza: den Zyklopenfelsen auf der Isola Lachea soll der Zyklop Polyphem Odysseus nachgeschleudert haben

Aci Castello

Die Lavaküste südlich von Catánia heißt bis nach Aci Castello **Zyklopenküste**, weil nach Homer der Zyklop Polyphem riesige Felsblöcke nach Odysseus und seinen Freunden, die vor ihm per Schiff flüchteten, ins Meer schleuderte. Leider gibt es kaum ein Stück Felsen, das nicht bebaut worden ist, und die Wasserqualität lässt auch zu wünschen übrig. Am Osthang des Ätna bewacht das 1076 erbaute **Normannenkastell Aci Castello** den beliebten Fischer- und Ferienort.

Aci Trezza

2 km nördlich von Aci Castello gelangt man zum Seebad Aci Trezza, von dem aus sich ein schöner Blick auf die Zyklopenfelsen und die Insel Lachea bietet. Hier drehte übrigens Visconti 1948 ausschließlich mit Laienschauspielern von Aci Trezza seinen berühmten Film »La Terra Trema«, »Die Erde bebt«. Als literarische Vorlage diente ein Roman des sizilianischen Schriftstellers Giovanni Verga (1840–1922), den Visconti in die Gegenwart der Zeit nach Mussolini verlegte.

SIRACUSA UND DER SÜDOSTEN

Der Südosten ist vielleicht die reizvollste Region Siziliens mit großer Geschichte, unberührten Bergregionen im Hinterland, schönen Sandstränden und hübschen Städten, allen voran Siracusa selbst.

Syrakus/Siracusa

Die heutige Provinzhauptstadt (123 400 Einwohner) wurde von dem Korinther Archias 735 v. Chr. als *Syrakus* gegründet. Sie erhielt ihren Namen von den nahen Sümpfen namens *Syrakka* und wurde schon bald zu einer der größten Städte Siziliens und damit ein ernstzunehmender Konkurrent der damals mächtigsten Stadt Großgriechenlands, Athens. Kein Wunder also, dass sich die beiden während des Peloponnesischen Kriegs bitter bekämpften. Nach langem Hin und Her wurden die Athener 413 v. Chr. desaströs geschlagen. Die Gefangenen mussten in den nahen Steinbrüchen von Siracusa arbeiten, wo das Baumaterial für viele antike Gebäude gewonnen wurde.

Ab 405 v. Chr. regierte Dionysios I. 38 Jahre lang mit eiserner Hand und erweiterte die Macht von Syrakus, das zu dieser Zeit zwischen 500 000 und 1,5 Millionen Einwohner gehabt haben soll. Er berief Platon an seinen Hof, prunkvolle Bauten entstanden. Auch 200 Jahre später war die Stadt ein geistiges Zentrum; 287 v. Chr. wurde Archimedes hier geboren, wo er mit Unterbrechung bis zu seinem Tod 212 v. Chr. lebte.

Unter den Römern verblasste der Glanz, Vandalen, Goten, Byzantiner und ab 878 auch Araber herrschten über die Stadt und hinterließen alle ihre baulichen Spuren. Die barocken Gebäude, die nach dem schweren Erdbeben von 1693 entstanden, stammen aus der Zeit der Jesuiten und Karmeliter. Heute ist Siracusa ein großer Industriestandort und wichtiger Umschlagplatz für Agrarprodukte, die aus dem Inselinneren angeliefert und in die ganze Welt verschifft werden.

Auf der Insel **Ortigia** (1600 m lang, bis zu 600 m breit), die erst 734 v. Chr. von den Korinthern durch einen Kanal vom Festland getrennt wurde, liegt der für Touristen interessante Teil der Stadt, nämlich die barocke Altstadt. Über den **Ponte Umbertino** spaziert man auf die Piazza Pancali mit der Ruine des **Apollon-Tempels** *(Il Tempio di Apollo),* des ältesten dorischen Tempels (um 570 v. Chr.) Siziliens. Stolze 24 x 58 m maß

bD-bG 4/5

bD4

Siracusa: der Duomo Santa Maria delle Colonne mit seiner üppigen Barockfassade

die Anlage einst, mit sechs Säulen in der Breite und 17 Säulen in der Länge. Im Mittelalter wurde das Gebäude zu einer byzantinischen Kirche, später dann zu einer Moschee, einer normannischen christlichen Kirche und zuletzt zu einem Militärlager umfunktioniert. Ein wirklich lohnender Abstecher ist der Besuch des bunten **Marktes**, der sich zwischen Apollon-Tempel und Porta Marina erstreckt, und der Promenade, die gleich daneben zu finden ist.

An der halbrunden Piazza Duomo mit prunkvollen Barockpalästen steht der prächtige dreischiffige **Dom Santa Maria delle Colonne** (tägl. 9–12 und 16–18 Uhr). Im 7. Jh. wurde um den griechischen Athena-Tempel, der von den Syrakusern anlässlich des Sieges bei der Schlacht von Himera (480 v. Chr.) errichtet wurde, herumgebaut. Die Haupthalle des Tempels bildet heute das Mittelschiff des Doms, die äußeren Säulenreihen begrenzen die Seitenschiffe. Auch das Taufbecken stammt aus griechischer Zeit, während die Bronzelöwen, die das Becken halten, im 13. Jh. hinzugekommen sind. Im Inneren sind die beeindruckenden Fresken und das filigran gearbeitete Chorgestühl (1489) in der Sakristei sehenswert. Baumeister Andrea Palma aus Tràpani gestaltete die reich geschmückte sizilianische Barockfassade (1728–53), nachdem die normannische beim Erdbeben 1693 eingestürzt war.

Antike Münze aus Syrakus mit dem Kopf der Nymphe Arethusa

Über die Via Picherali, vorbei an der Kirche **Santa Lucia alla Badia** (1695–1707) geht es zur **Fonte Aretusa**, einer mit Papyrusstauden umgebenen Süßwasserquelle. Hier – so jedenfalls haben die Geschichtsschreiber Pindar und Virgil überliefert, soll die vor dem griechischen Flussgott Alpheios fliehende Nymphe Arethusa wieder aufgetaucht sein, nachdem sie sich an der Küste des Peloponnes ins Wasser gestürzt hatte.

An der Via Capodiece beherbergt ein Stauferpalast aus dem 13. Jh. das **Museo Regionale di Palazzo Bellomo**. Unter den Ausstellungsstücken sind zumindest Caravaggios »Begräbnis der heiligen Lucia« und »Die Verkündigung« von Antonello da Messina bemerkenswert.

Im Stadtteil **Neapolis**, der griechische Neustadt, lag in der Antike das kulturelle Zentrum, dessen Überbleibsel man im 1955 eingerichteten, weitläufigen **Parco Archeologico della Neapoli Greco** bewundern kann. Absolutes Highlight der Ausgrabungsstätte ist das imposante **Teatro Greco**, das Griechische Theater, um 470 v. Chr. unter Hieron I. erbaut. Dort fand beispielsweise in Anwesenheit von Aischylos die Uraufführung seiner Tragödie »Die Perser« statt. Mit 138 m Durchmesser und 61, bei den Römern dann 41 aus den Felsen gehauenen Sitzreihen bot das Theater bis zu 15 000 Zuschauern Platz. Durch die Tunnel an den Seiten wurden während der römischen Circusspiele die wilden Tiere in die Arena geführt.

Besucherinnen im Parco Archeologico della Neapoli in Siracusa

Das Baumaterial für das Theater und viele der anderen antiken Stätten stammt aus den Steinbrüchen Latomia del Paradiso, die gleich in der Nähe zu finden sind. Über einen der Steinbrüche, **Orecchio di Dionisio,** das viel besuchte »Ohr des Dionysios« (60 m lang, 5–11 m breit, 23 m hoch), erzählt man sich folgende Geschichte: Der Steinbruch hatte eine derart gute Akustik, dass der Tyrann Dionysios von außen sogar die nur geflüsterten Gespräche der Gefangenen belauschen und damit geplante Revolten verhindern konnte. Daher auch der Name des Steinbruchs.

bA1

Der noch erhaltene Unterbau des **Ara di Ierone II** (Altar Hierons II.) nahe dem Teatro Greco lässt mit 200 m Länge und 23 m Breite die gewaltigen Ausmaße des gesamten Altars erahnen. Einmal im Jahr wurden hier dem Gott Zeus 450 Stiere geopfert. Das **Anfiteatro Romano** (Römisches Amphitheater, 140 x 119 m) hatte ein fest installiertes Bühnenbild und zählte zu den größten des Römischen Imperiums.

bA/ bB1

bA/bB 1/2

 A.A.P.T.
Via S. Sebastiano 45
96100 Siracusa
℃ 09 31 48 12 00

bA2

🏛 **Museo Regionale di Palazzo Bellomo**
Via Capodieri 14–16, Ortigia, Siracusa
℃ 09 31 695 11, 09 31 696 17
Di–Sa 9–19, So 9–13 Uhr
Eintritt € 3/2, Kombiticket mit Parco Archeologico € 8

bF4

👁 **Parco Archeologico della Neapolis**
Viale Paradisa, Neustadt, Siracusa
℃ 09 31 662 06
Tägl. 9 Uhr bis 2 Std. vor Sonnenuntergang
Eintritt € 6/3, Kombiticket mit Museo Regionale € 7,50
Von Mai bis Juli werden hier im Rahmen der *Spettacoli Classici* Theaterstücke aufgeführt, inszeniert wie vor 2 500 Jahren. Obwohl Italienisch gesprochen wird, lohnt es sich sehr, eine Aufführung zu besuchen.

bA/bB 1/2

bA3 **Museo Archeologico Regionale »Paolo Orsi«**
Parco Landolina, Viale Teocrito 66, Siracusa
✆ 09 31 48 95 11, Di–Sa 9–18, So 9–13 Uhr
Eintritt € 8/4
In dem 1988 eröffneten Museums werden über 18 000
Fundstücke sehr ansprechend präsentiert.

bA3 **Museo del Papiro**
Viale Tecocrito 66, Siracusa
✆ 09 31 22 10 06 16 16, www.museodelpapiro.it
Tägl. 9–13 Uhr, Mo geschl., Eintritt € 3
An den Ufern des Flusses Ciane in der Nähe von Sira-
cusa gedeihen Papyruspflanzen *(Cyperus papyrus)*.
Wer sich über diese in Europa seltene Pflanze infor-
mieren möchte, sollte das kleine Museum besuchen.

bF4 **Trattoria La Foglia**
Via G. M. Capodieci 21, Ortigia, Siracusa
✆ 09 31 662 33, www.lafoglia.it, Di geschl.
Vertrauen Sie in dem originell gestalteten Restaurant
einfach den meist vegetarischen Empfehlungen des
Chefs! €–€€

bE4 **Pescomare**
Via S. Landolina 6 (nahe Piazza del Duomo), Ortigia, Siracusa
✆ 09 31 21 07, Mo geschl.
Wer sich mit leckeren Fischgerichten verwöhnen lassen möchte, ist hier bestens aufgehoben. €€–€€€

bE4 **Minosse**
Via Vincenzo Mirabella 6, Siracusa
✆ 09 31 663 66, Mo und Nov. geschl.
Hier wird ausgezeichnetes Essen serviert, das allerdings auch seinen Preis hat. €€–€€€

bE4 **Spaghetteria do Scogghiu**
Via Scinà 11, Siracusa
Mo geschl.
Spaghetti-Liebhaber haben in dem familienfreundli-
chen Lokal die Wahl zwischen rund 20 verschiedenen
Variationen! €–€€

bE5 **Don Camillo**
Via Maestranza 96, Ortigia, Siracusa
✆ 09 31 671 33, www.ristorantedoncamillosiracusa.it
Köstliche Fischspezialitäten, zu empfehlen sind auch
die leckeren Muschelgerichte. €€–€€€

Ausflüge:

F12 **Augusta**
Sehenswert in der 40 km nördlich von Siracusa gelegenen recht unattraktiven Industriestadt (34 600 Ein-

Johannisbrot
Das Johannisbrot, das man in Sizilien gerne verwendet, stammt zu 75 Prozent aus der Region um Ragusa. Die Araber, die die langen Hülsenfrüchte auch auf die Insel brachten, benutzten die harten Samen wegen ihres stets gleichen Gewichts zum Abwiegen von Goldstücken. Heute wird aus den unreifen Früchten eine Art Kaffee bereitet, aus den reifen gewinnt man Mehl zum Backen.

wohner) sind die **Chiesa di San Domenico** aus dem 13. Jh. mit ihrem hübschen Kreuzgang, der barocke **Dom** (1769) und der ebenfalls barocke **Palazzo Comunale** (1699). Aufgrund der strategisch günstigen Lage auf einer weit ins Meer reichenden Halbinsel mit zwei natürlichen Häfen erlangte die Stadt als Kriegshafen Bedeutung: 1751 lief hier die christliche Flotte zur Seeschlacht von Lepanto aus.

Die Früchte des Johannisbrotbaums

Castello Euríalo Epipolai
Knappe 10 km nordwestlich von Siracusa erhebt sich die gewaltige griechische Festungsanlage mit einer 22 km langen Festungsmauer, die Dionysios I. von 402–397 v. Chr. gegen mögliche Angriffe der Karthager bauen ließ (tägl. 9–17 Uhr, Eintritt € 4).

G12

Palazzolo Acréide
Auch dieser auf einem Berg liegende Ort, 45 km westlich von Siracusa wurde 1693 von dem schweren Erdbeben zerstört und ganz im Stil des sizilianischen Barocks wieder aufgebaut. Von dem Städtchen aus schaut man auf die Ausgrabungen der antiken **Akrai** mit den Resten eines Amphitheaters, dem Aphrodite-Tempel und den so genannten Santoni, zwölf in den Fels geschlagenen Statuen der Göttin Kybele (www. palazzolo-acreide.it, tägl. 9–17 Uhr, Eintritt € 4).

G11

Noto
Die schönste Barockstadt (24 100 Einwohner) Siziliens liegt 10 km landeinwärts an den Ausläufern der Monti Iblei. Ihre heutige Gestalt »verdankt« sie dem Erdbeben vom Januar 1693, das das alte Noto dem Erdboden gleich machte. Da genügend Geld vorhanden war, konnten die berühmtesten Architekten der Insel wie Rosario Gagliardi oder Vincenzo Sinatra eine komplett neue Stadt aus einem Guss erschaffen. Entstanden sind 15 prächtige Paläste, 23 Kirchen und sage und schreibe 19 Klöster.

G11

Leider fließen die Gelder heute nicht mehr so reichlich und vielen Gebäuden droht der Verfall. Dennoch empfiehlt sich ein Spaziergang durch diese goldfarbene Pracht aus Sandstein, die zu den geschlossensten Stadtbildern der Insel zählt und 2002 in die UNESCO-Liste des Weltkulturerbes aufgenommen wurde.

Eine der zahlreichen Kirchen in der Barockstadt Noto: die Chiesa di Montevergine

Am Corso Vittorio Emanuele steht die **Chiesa San Francesco**, eine ehemalige Klosterkirche (Mitte 18. Jh.), die heute als Schule genutzt wird. Die Marienstatue aus Holz im Inneren stammt vermutlich noch aus der alten, vom Erdbeben zerstörten Stadt. Das riesige Kuppeldach der dreischiffigen **Cattedrale San Nicolò** (1700–70), ebenfalls am Corso Vittorio Emanuele, stürzte 1996 ein und wird derzeit noch renoviert. Ein Block westlich, in der Via Nicolaci, weist der **Palazzo Nicolaci Villadorata** sechs Balkone auf, die mit zahlreichen mythologischen und grotesken Figuren üppig verziert sind.

Am Ende der Piazza Manzini erhebt sich die 1728 begonnene, aber nie vollendete **Chiesa Santissimo Crocifisso**, nach einem Entwurf des Architekten Gagliardi. Die romanischen Löwenfiguren und die Renaissancestatue »Madonna vom Schnee« (Madonna della Neve, 1471 von Francesco Laurana) haben das Erdbeben von 1693 überstanden.

Associazione Touristica Pro Noto
Via Vincenzo Gioberti 13, 96017 Noto
℡ 09 31 83 65 03
www.comune.noto.sr.it, www.pronoto.it

Trattoria del Carmine
Via Ducezio 1, Noto
℡ 09 31 83 87 05, www.trattoriadelcarmine.it
Mo geschl.
In dieser gemütlichen Gaststätte bekommen Sie noch echte sizilianische Küche zu humanen Preisen! €–€€

Dolceria Costanzo
Via Silvio Spaventa 7/9, Noto
℡ 09 31 83 52 43, www.dolceriacostanzo.it
Mo–Sa 8–19 Uhr
Hier kann man Eis essen, das aus Jasmin und Rosen gezaubert wurde!

Ausflüge:

Ávola/Ávola Vecchia
Das beliebte Ferienstädtchen, 8 km von Noto entfernt, wurde nach seiner Zerstörung 1693 komplett im Barockstil wieder aufgebaut. Vor allem der Hauptplatz, die Piazza Umberto I. mit der prächtigen barocken **Chiesa Matrice San Nicola**, und die Piazza Regina Elena mit der ebenfalls barocken **Chiesa Sant'Antonio Abbate** sind sehenswert.

Eine serpentinenreiche Straße führt auf den Berg mit Ruinen aus dem 2. Jahrtausend v. Chr., die nach dem Erdbeben 1693 von **Ávola Vecchia** übrig geblieben sind.

Cava d'Íspica

Bis zum Erdbeben 1693 lag der Ort (30 km südwestlich von Noto), der bis 1935 allerdings Spaccaforno hieß, noch in der über 13 km langen Karstschlucht Carva d'Íspica. Die Wände der Schlucht sind von Höhlen durchzogen. Im Parco Archeologico Forza auf einem in der Vorgeschichte bewohnten Territorium daneben finden sich unterirdische Grabfelder und eine byzantinische Höhlenkirche (im Sommer 9–17.30 und im Winter 9–16.30 Uhr, Eintritt € 4).

H10

DER SÜDEN

❼ Módica

Für die Entdeckung der Altstadt des 212 v. Chr. gegründeten und 1693 zerstörten barocken Städtchens (55 300 Einwohner, 381 m, seit 2002 UNESCO-Weltkulturerbe) braucht man eine gute Kondition. Denn in der ehemaligen Hauptstadt der alten Grafschaft Módica, die sich eng an die steilen Hänge einer Y-förmigen Schlucht anschmiegt, müssen viele Treppen und Treppchen überwunden werden. 250 Stufen führen zu dem honiggelben Kleinod barocker Architektur am Corso Garibaldi in der Oberstadt. Doch die Mühe lohnt sich, denn die dem heiligen Georg geweihte, nach den Plänen des Stararchitekten Rosario Gagliardi aus Kalkstein errichtete **Chiesa San Giorgio** ist ein wunderschönes Paradebeispiel barocker sizilianischer Fröhlichkeit. Die zehn Holzgemälde mit Szenen aus dem Neuen Testament im Kircheninneren stammen aus dem 16. Jh.

H10

Auch zur **Chiesa San Pietro** in der Unterstadt, einer dreischiffigen Säulenbasilika, steigt man über eine beeindruckende, monumentale Treppe, gesäumt von Statuen der 12 Aposteln. Daneben liegt die **Chiesa Rupestre di San Nicolò Inferiore**, eine Höhlenkirche, deren älteste byzantinische Fresken aus dem 12. Jh. stammen, die allerdings durch Übermalungen im 14. Jh. kaum noch zu erkennen sind. Erst 1987 wurden die Fresken in Räumen entdeckt, die man als Stall und Lager genutzt hatte. Seit 1996 kann man sie besichtigen (Okt.–Feb. 10–13, 15.30–18.30, März–Juni 10–13, 16–19, Juli–Sept. 10–13, 17–20 Uhr, Eintritt € 2).

Im volkskundlichen **Museo Civico** wird Interessantes über die Handwerkszünfte der Region gezeigt.

Cooperativa S. Antonio Abate
Calle Regina Margherita 109, 97015 Módica
☏ 03 66 365 75 09, www.guidemodica.it

Fassadenschmuck in Módica Alta

H10

🏛 **Museo Civico »F. Libero Belgiorno«**
Largo Mercè, Palazzo dei Mercedari, Módica
✆ 09 32 94 50 81, Di–So 10–13 und 16–19, im Sommer
bis 20 Uhr, Eintritt € 2/1

✕ **Trattoria Nicastro Salvatore**
Via San Antonio 30, Módica
✆ 09 32 94 58 84, Mo geschl.
In dem urigen Lokal gibt es schmackhafte, original
sizilianische Gerichte. €–€€

G10

Ragusa

Das von den Griechen gegründete *Hybla Heraia*, die
heutige Bischofs- und Provinzhauptstadt (74 000 Einwohner, seit 2002 UNESCO-Weltkulturerbe), besteht
aus zwei Teilen, dem östlich auf 385 m liegenden **Ragusa Superiore** und in dem westlich auf 498 m liegenden, ältere **Ragusa Ibla**, das bereits im 3. Jahrtausend v. Chr. besiedelt war.

Unumstrittener Mittelpunkt der nach dem Erdbeben 1693 angelegten Neustadt ist die dreischiffige
Kathedrale **San Giovanni Battista** (1706–60) mit wunderschönen Stuckarbeiten im Inneren. Das Archäologische Museum, das **Museo Archeologico Ibleo**, nicht
weit von der Kathedrale, präsentiert unter anderem
prähistorische Ausgrabungen, Statuen und Fundstücke aus hellenistischer Zeit.

Das Gotteshaus **Santa Maria delle Scale** in Ragusa
Superiore erhielt seinen Namen von dem 340 Stufen
zählenden Weg, der die beiden Stadtteile miteinander verbindet. Der Campanile und die Öffnung zur
Kapelle im Kircheninneren sowie ein Terrakottarelief
stammen noch aus gotischer Zeit.

Am Ende der lang gestreckten, mit Palmen bestan-
denen Piazza Duomo in Ibla führt eine Freitreppe zum

dreischiffigen **Duomo San Giorgio** (1744–75) hinauf, einem Werk des Barockbaumeisters Gagliardi. Leider stört die im 19. Jh. aufgesetzte Kuppel den barocken Bau. Im Inneren beeindruckt das Altarbild von Vito d'Anna (1720–68) »Die Glorie des heiligen Nikolaus«.

A.A.P.I.T.
Palazzo la Rocca, Via Capitano Bocchieri 33 97100 Ragusa Ibla
✆ 09 32 62 14 21, www.ragusaturismo.it

Kathedrale San Giovanni Battista
Piazza San Giovanni, Ragusa
www.cattedralesangiovanni.it
Tägl. 8–12 und 15–18 Uhr, freier Eintritt

Duomo San Giorgio e Tesoro
Piazza Duomo, Ragusa Ibla
✆ 09 32 22 00 85
Tägl. 8–12 und 15–18 Uhr, freier Eintritt

Museo Archeologico Ibleo
Via Natalelli, Ragusa
✆ 09 32 62 29 63
Tägl. 9–13.30 und 15.30–19.30 Uhr, Eintritt € 2

Ristorante U Saracinu
Via del Convento 9, Ragusa
✆ 09 32 24 69 76, Mi geschl., Reservierung empfohlen
Hier bevorzugt man die einfache, deftige Küche. Unbedingt Ravioli con ricotta probieren! €–€€

Ausflüge:

❽ Donnafugata
18 km südwestlich von Ragusa erhebt sich inmitten einer leicht hügeligen Landschaft das mit Zinnentürmen und 122 Zimmern ausgestattete mächti-

G/H9

Die barocke Kathedrale San Giovanni Battista in Ragusa

ge **Schloss Donnafugata** von 1648 (✆ 09 32 61 93 33 oder 09 32 67 66 68, Di–So 9–13 und 14.45–19 Uhr, Eintritt € 4), in dem Luchino Visconti 1962 seinen Film »Il Gattopardo« (»Der Leopard«) mit Claudia Cardinale und Burt Lancaster nach dem Roman von Giuseppe Tomasi di Lampedusa drehte.

Caltagirone

F9

Ein nettes Städtchen (39 500 Einwohner) voller Kacheln, geprägt vom Töpferhandwerk, das hier seit dem Mittelalter, eingeführt von den Arabern, praktiziert wird – noch heute gibt es etwa 80 Werkstätten. Aus der Blütezeit der Stadt vom 15.–17. Jh., als es ein berühmtes Krankenhaus und eine bedeutende Universität gab, ist nach zwei verheerenden Erdbeben nichts übrig geblieben.

Besonders sehenswert ist die **Scalinata** (1608, an der Piazza Umberto), eine mit 142 Majolikakacheln verzierte Treppe, die die Unterstadt mit der Oberstadt verbindet. Wissenswertes über die Geschichte der Kacheln erfährt man im **Museo Regionale della Ceramica**.

Servizio Turistico Regionale
Via Volta Libertini 4 (nahe der Piazza Umberto)
95041 Caltagirone, ✆ 09 33 538 09

Museo Regionale della Ceramica
Via Roma, Giardino Pubblico, Caltagirone
✆ 09 335 84 18, tägl. 9–18.30 Uhr, Eintritt € 4/2

Gela

G8

Die Industriestadt (77 300 Einwohner), 60 km von Ragusa entfernt, hat sich vor allem seit der Entdeckung zahlreicher Erdölvorkommen vor der Küste in den 1950er Jahren explosionsartig vergrößert. Von der einstigen Bedeutung der antiken Stadt ist heute nicht mehr viel zu spüren, es sei denn, man steht vor dem gut erhaltenen, 300 m langen Mauerstück der ehemaligen **Wehranlage** am Capo Soprano oder man besucht **das Museo Nazionale** mit seinen antiken Fundstücken aus der Region und seinem Archäologischen Park.

Enge Gassen, dazwischen zum Trocknen aufgehängte bunte Wäsche: Gela heute

Rote Paradiesäpfel
Pachini, kleine, runde und ausgesprochen schmackhafte Tomaten werden ca. 20 km südlich von Noto in Pachino angebaut. In dem 1758 gegründeten Ort mit rasterförmig angelegtem Straßennetz sollte man neben den Tomaten auch den Rotwein aus eigenem Anbau probieren.

 A.A.S.T.
Via Giacomo Navarra Bresmes 48, 93012 Gela
✆/Fax 09 33 92 32 68

 Museo Nazionale e Parco Archeologico
Corso Vittorio Emanuele II., Gela
✆ 09 33 91 26 26
Tägl. 9–18.30 Uhr
Eintritt € 4/2

Im antiken Gela starb 465 v. Chr. der griechischer Tragödien-Dichter Aischylos

Agrigent/Agrigento

Von Selinunt kommend mag der erste Blick auf die Provinzhauptstadt (59 200 Einwohner, 326 m) enttäuschen: Von weitem sieht man eine eher hässliche Ansammlung unterschiedlich hoher Betonbunker, die den Blick auf die schöne Altstadt verwehren.

Der **Dom** (1099, 13./14. Jh. erweitert) an der Piazza Don Minzoni steht auf einem Hügel der Altstadt, vermutlich an der Stelle eines früheren Zeus- oder Athena-Tempels. Die Kirche weist eine Besonderheit auf: Wenn man direkt unter der Apsis steht, kann man jedes Wort verstehen, das am immerhin 80 m entfernten Eingang gesprochen wird! Die hübsch bemalte Kassettendecke stammt aus dem Jahr 1518 (längere Zeit wegen Renovierung geschl.).

Das dreischiffige normannische Gotteshaus **Chiesa Santa Maria dei Greci** wurde auf den Resten eines dorischen, 488 v. Chr. erbauten Athena-Tempels errichtet. Eine Treppe führt in die Räumlichkeiten unter der Kirche, wo noch Tempelreste zu sehen sind.

Oberhalb der Via Athena, am Ende der Via Fodora liegt die **Chiesa e Monastero di Santo Spirito** (1299). Die spätbarocken Stuckaturen (18. Jh.) im Kircheninneren wurden von dem berühmten Stuckator Giacomo Serpotta gefertigt. Die heute noch im Kloster lebenden Zisterzienserinnen verkaufen ihr berühmtes Mandelgebäck *Pasta di Mandorla*.

Neben dem alten Agrigento lockt das **Valle dei Templi** (Tal der Tempel) gleich mit mehreren griechischen Heiligtümern. Nicht umsonst rühmte der griechische Dichter Pindar das im 6. Jh. v. Chr. von griechischen Kolonisten gegründete *Akragas* als »schönste Stadt der Sterblichen«! Abends bietet sich von der Aussichtsterrasse der Oberstadt ein wunderschöner Blick auf die angestrahlten Tempel.

F6

F5/6

i **A.A.P.I.T.**
Viale della Vittoria 255, 92100 Agrigento
℡ 09 22 40 13 52
www.agrigentoweb.it, www.comune.agrigento.it

Le Caprice
Via Cavaleri Magazzeni (Tal der Tempel)
Agrigento
℡ 09 22 41 13 64, Fr geschl.
Nicht zuletzt wegen des traumhaft schönen Blicks kommen die Gäste auch von weit her. Gehobene Preisklasse! €€–€€€

Trattoria Atenea
Via Ficani 32, Agrigento
℡ 092 22 02 47, So geschl.
Einfacheres, nettes Lokal, in dem man auch unter freiem Himmel genießen kann. €–€€

Ausflüge:

San Leone
Der lang gestreckte Sandstrand in dem kleinen Ort ca. 8 km südlich ist praktisch die Strandsiedlung von Agrigento und per Stadtbus erreichbar. Im Sommer, besonders an den Wochenenden, wenn hier die Städter Erholung suchen, platzt San Leone aus allen Nähten. Auch abends zieht es mit seinen unzähligen Bars und Diskotheken viele, meist jüngere Nachteulen aus Agrigento an.

Ristorante Bar Leon d'Oro
Viale Emporium 102, 92100 Agrigento/San Leone
℡/Fax 09 22 41 44 00, Mo geschl.
Gute Küche mit großer Auswahl. €–€€

❾ Valle dei Templi
Wie Perlen reihen sich die fünf Tempel des antiken *Akragas* (581 v. Chr. gegründet) an der Via Sacra im Tal der Tempel auf einem lang gestreckten Bergrücken aneinander. Die Archäologische Zone erreicht man über die Staatsstraße 118 (Via dei Templi). Im östlichen Tempelbezirk befinden sich auf einem Felsvorsprung die Reste des Hera-Tempels (**Tempio di Hera**, 5. Jh. v. Chr., Grundriss 41 x 20 m, 6 x 13 Säulen) mit Opferaltar und Säulenreihe an der Nordseite, von dem aus man einen herrlichen Blick über das ganze Tal hat. Entlang dem Befestigungsgürtel steht der sehr gut erhaltene dorische **Concordia-Tempel** (5. Jh. v. Chr.), der 1748 restauriert wurde.

Hinter der Villa Igera erhebt sich der älteste Tempel des Tales, der Herakles-Tempel, **Tempio di Ercole**, (6. Jh. v. Chr.) mit seinen heute nur noch acht aufgerichteten Säulen. Gleich in der Nähe liegen das **Grab des**

Theron (1. Jh. v. Chr.) und
die **Porta Aurea**. Zwischen
den Resten des Tempels
des Olympischen Zeus,
Tempio di Giove Olimpico
(480 v. Chr., früher 112 m
lang, 58 m breit) versetzt
die Nachbildung eines so
genannten *Telamon* oder
Atlant (8 m), einer Träger-
figur, die den Tempel-
oberbau abstützte, in Er-
staunen. Am äußersten
Rand des Ausgrabungsge-
ländes trifft man auf das
Heiligtum der Erdgotthei-
ten, **Tempio delle divinità
Chtonie**, das unter anderem Demeter geweiht war.

*Ein Höhepunkt jeder Sizilien-Reise ist si-
cherlich das Tal der Tempel in Agrigent:
Auf einer Anhöhe thront der Tempel der
Hera Lacina*

Neben den Überresten des hellenistisch-römischen
Viertels ist das 1967 eröffnete **Museo Archeologico
Regionale** mit seinen zahlreichen Fundstücken aus
dem antiken *Akragas* neben Siracusa und Palermo sicher das bedeutendste auf Sizilien. Highlight ist der
8 m hohe, steinere Original-Telamon (Atlant) aus
dem 5. Jh. v. Chr. vom Tempel des Zeus. In der zum
Museum gehörenden Klosterkirche **Chiesa San Nicola** steht der **Sakrophag der Phädra**, auf dem deren
Liebesgeschichte mit ihrem Stiefsohn Hyppolitos dargestellt wird.

🏛 **Museo Archeologico Regionale**
Via Petrarca & Via dei Templi, Agrigento
☏ 09 22 40 15 65, Mo–Sa 9–19.30, So 9–13 Uhr, Eintritt
€ 8/4, Kombiticket mit Archäologischer Zone € 13,50/7

▣ **F6**

👁 **Archäologische Zone**
Valle dei Templi, Agrigento
www.lavalledeitempli.it, tägl. 9–19 Uhr, Eintritt € 8/4,
Kombiticket mit Museo Archeologico € 13,50/7

Pelagische Inseln/Ísole Pelágie
Von Porto Empédocle, dem Hafen von Agrigento,
kann man per Fähre nach **Lampedusa**, einer der drei
Pelagischen Inseln übersetzen. Mit 200 km ist das
20 km^2 große, nahezu baumlose Eiland am weitesten
von Sizilien entfernt. Die 6100 Einwohner leben hauptsächlich vom Fischfang und vom Tourismus – vor allem
gut situierte Norditaliener haben hier ihre Villen samt
Jeep und Yacht. Sehenswürdigkeiten hat die Insel nicht
aufzuweisen, die Küste besteht vorwiegend aus steil
ins Meer abfallenden Klippen, nur im Süden gibt es einige schöne, tief eingeschnittene Badebuchten.

J2/3

An der engsten Stelle zwischen Sizilien und Afrika liegt die Insel Pantelleria

Wegen der Nähe zu Afrika – 60 Seemeilen sind es bis Tunesien – wird die Insel von Schlepperbanden angesteuert. Wenn die maroden, überfüllten Boote Lampedusa überhaupt erreichen, landen die Flüchtlinge in einem Auffanglager, aber viele entrinken bereits unterwegs, weil die Boote kentern.

Da die Insel **Linosa** (42 km von Sizilien entfernt, 5 km²) vulkanischen Ursprungs ist, findet sich hier mehr Vegetation als auf Lampedusa. Die Felsenküste eignet sich weniger zum Baden, weist aber schöne Tauchreviere auf. In der naturgeschützten Bucht **Baia dei Conigli** legen die vom Aussterben bedrohten Karettschildkröten *(Caretta caretta)* ihre Eier ab. **Lampione**, das dritte Island, ist unbewohnt.

Die größte Insel vor Sizilien, ca. 70 km von Tunesiens und 110 km von Sizilien entfernt, leitet ihren Namen von dem arabischen *Bent el-Rhia* (Tochter des Windes) ab. Und in der Tat herrschen auf **Pantelleria** das ganze Jahr über raue Winde. Trotz der landschaftlichen Schönheit mit bewaldeten Bergen und fruchtbaren Ebenen gibt es wegen der fehlenden Sandstrände keinen Massentourismus. Der Hauptkrater auf der Montagna Grande ist zwar erloschen, aber unter der Erde brodelt es noch, wie die heißen Quellen belegen. Am besten lernt man die Insel mit ihren mächtigen jungsteinzeitlichen Grabmälern, den rundlichen *Sesi* bei **Mursia**, und den Hauptort Pantelleria per Fahrrad kennen.

Sciacca
Bei den Römern hieß das heutige Thermalbad (41 100 Einwohner) *Thermae Selinuntinae* (Selinuntinische Bäder). Unter den Arabern, die die Stadt *As-Saqah* nannten, wurde Sciacca ein wichtiges und wohlhabendes Handelszentrum. Auch heute noch findet man in der Altstadt viele arabische Spuren, wie beispielsweise die typischen überdachten Höfe.

Der barocke **Duomo Santa Maria Maddalena** (1656) an der Piazza Don Minzoni, der heiligen Maddalena geweiht, zeigt im Inneren schöne Fresken und die Statue der hoch verehrten Madonna del **Soccorso**, die 1626 die Stadt von der wütenden Pest befreit haben soll.

Der gewaltige katalanisch-gotische **Palazzo Steripinto** weist eine Rarität auf: eine seltene zinnenbewehrte Außenverkleidung, die so genannte Bossenwerk-Fassade, die aus pyramidenförmigen Tuffstein-Quadern gefertigt wurde. Das Innere des Gebäudes kann leider nicht besichtigt werden.

Malerische Winkel und Häuser: Sciacca

Der 390 m hohe Berg **San Calogero**, 8 km nordöstlich, besteht aus Kalkstein. Er ist von Höhlen durchzogen, aus denen die Dämpfe des heißen Thermalwassers dringen. Auf dem Berggipfel befinden sich Thermen, aber auch das Heiligtum des Einsiedlers und Missionars San Calogero, der hier im 5. Jh. lebte und dem Heidentum ein Ende bereitete. Weitere Thermen finden sich am Berghang und nahe dem Meer.

ℹ️ **A.A.C.S.T.**
Via Vittorio Emanuele 84, 92019 Sciacca
✆ 09 25 11 82
www.sciacca.it

👁️ **Castello Incantato**
Via E. Gezzi, 2 km von Sciacca entfernt
✆ 09 25 99 30 44
März–Sept. tägl. 11–19 Uhr, im Winter geschl.
Eintritt frei
Im romantischen Garten des Castello sind mehrere tausend Masken, die der 1967 verstorbene Künstler Filippo Bentivegna (geb. 1888) in 50 Jahren aus Stein, Keramik und Holz geschaffen hat, ausgestellt. Die archaischen Kunstwerke wirken traurig und manchmal unheimlich.

Karneval in Sciacca
Der Karneval wird in Sciacca noch sehr ursprünglich gefeiert. Anfang März vollzieht sich das Spektakel. Riesige Fratzengesichter thronen auf Wagen, die durch die Straßen der Altstadt gezogen werden. Dazu trägt man Gedichte vor, die aktuelle politische parodieren, begleitet von den tanzenden und schreienden Zuschauern, die sich fast schon in Trance befinden. Näheres zu dem Karneval in Sciacca: www.sciaccarnevale.it.

Der am besten erhaltene Tempel von Selinunte war der Hera geweiht

DER WESTEN

D3

Selinunt/Selinunte

Wenn man auf der sehr weitläufigen, 284 ha großen Ausgrabungsstätte steht, kann man sich gut vorstellen, dass diese Stadt in der Antike mit ihren 100 000 Einwohnern eine der größten des gesamten Mittelmeerraums war. Griechische Kaufleute aus Megara Hyblaia gründeten hier um 650 v. Chr. die Stadt *Selinus*. Den Namen leiteten die Siedler von dem griechischen Wort *Selinon* ab, was »Wilder Sellerie« bedeutet, eine Pflanze die auch heute noch in dieser Region wächst. Landwirtschaft und reger Handelsbetrieb verhalfen der Stadt im 6. und 5. Jh. v. Chr. zu großem Wohlstand, den man mit der Errichtung von großen Tempeln auch nach außen zur Schau stellte.

So viel Protzerei gefiel den neidischen Karthagern gar nicht und sie griffen die Stadt 250 v. Chr. an, eroberten und zerstörten sie. Die wenigen Gebäude, die danach noch standen, wurden Opfer eines Erdbebens im 6. Jh.

Ein Jahrtausend lag Selinunte unbeachtet im Dornröschenschlaf. 1551 wurde die Stadt wieder entdeckt und erst im 19. Jh. mit den Ausgrabungsarbeiten begonnen. Bisher sind acht mit Buchstaben bezeichnete Tempel und eine Befestigungsanlage freigelegt, wobei der größere Teil der Stadt noch von den Archäologen entdeckt werden muss.

Metope vom Tempel E in Selinunte: Zeus (Museo Archeologico Regionale, Palermo)

Von den **Tempeln A** und **O**, beide um 450 v. Chr. erbaut, mit jeweils 6 Säulen an den schmalen und 14 an den breiten Seiten, sind nur noch die Fundamente erhalten. Der **Tempel B** stammt als einziger aus hellenistischer Zeit (um 280 v. Chr.). Den ältesten und größten Tempel der Akropolis (um 550 v. Chr.), den **Tempel C**, zierten einst 17 über 8 m hohe Säulen an den Längs- und 6 Säulen an den Querseiten, von denen insgesamt 14 wieder aufgerichtet worden sind.

Von dem um 540 v. Chr. erbauten **Tempel D** sind nur noch wenige Stücke vorhanden, bei dem der Hera geweihten **Tempel E** (485–450 v. Chr.) stehen noch alle 68 Säulen und tragen zum Teil sogar das Gebälk – ein sehr beeindruckender Anblick, nicht nur für

Kunsthistoriker! Über zehn Stufen gelangt man in das Innere des Tempels. Der vermutlich der Göttin Athena geweihte **Tempel F** (um 530 v. Chr.), heute nur noch in Resten erhalten, präsentierte sich einst mit 36 Säulen, die 9 m hoch waren.

Der frühere Apollo-Tempel, **Tempel G**, war ein Heiligtum mit gewaltigen Ausmaßen: 50 x 110 m groß war die Gesamtfläche. Die Säulen wuchsen 30 m weit in den Himmel, die einzig noch zu sehende vermittelt einen guten Eindruck von der Höhe. Das **Demeter-Malophoros-Heiligtum**, ca. 1 km von der Akropolis entfernt, ist vermutlich älter als Selinunte. Dort wurden Demeter-Malophoros (Demeter: »Trägerin des Granatapfels«) und ihre Tochter Persephone verehrt.

 Selinunte – Ausgrabungsstätte
℅ 09 244 65 40 oder 09 244 62 77
www.selinunte.net, tägl. 9 Uhr bis 1 Std. vor Sonnenuntergang, Eintritt € 4,50/2,50

Mazara del Vallo

Einst gehörte die an der Mündung des Flusses Mazarò errichtete ehemalige phönizische Hafenstadt, der heutige große Fischereihafen (51 400 Einwohner), zu Selinunte. Den barocken Mittelpunkt der Stadt bildet die **Piazza della Repubblica** mit einem Seminargebäude, dem Seminario dei Chierici, dem Palazzo Vescovile, dem Bischofspalast und der ehemaligen normannischen (um 1086), 1694 umgebauten Kirche, der **Cattedrale Santissimo Salvatore** mit barockem Campanile. Ebenfalls aus normannischer Zeit stammen die Relikte einer Burgfestung im **Giardino Jolanda**, dem Jolanda-Garten.

Fast schon orientalisches Flair hat das **Kasbah-Viertel** um die Via Bagno, in dem sehr viele Nordafrikaner, besonders Tunesier leben. Ein wenig Vorsicht sollte man walten lassen und auch nicht unbedingt abends durch die verwinkelten Gassen streifen, wo man sich außerdem leicht verirren kann.

i **A.P.T.**
Piazza Santa Veneranda 2, 91026 Mazara del Vallo, ℅ 09 23 94 17 27

❿ Marsala

Aus dem größten Weinbauzentrum der Insel, der von den Phöniziern gegründeten Stadt (82900 Einwohner) im äußersten Westen Siziliens, stammt der weltberühmte Dessertwein, der Marsala. Seinen Namen verdankt der Ort wiederum den Arabern, die ihn *Marsa al Allah* (Hafen Allahs) nannten. Marsala kann sich auch mit einer berühmten Persönlichkeit schmücken, denn hier landete am 11. Mai 1860 der Freiheitskämp-

Marsala

Die Entstehung des berühmten Likörweines Marsala war eher ein Zufall. Damit seine 60 Fässer Wein auf dem Transport nach England nicht »sauer« wurden, versetze der Engländer John Woodhouse die Flüssigkeit einfach mit etwas mehr Alkohol (insgesamt 24 Prozent) – und schon schlug die Geburtsstunde des Marsala. Heute verlassen eine Million Hektoliter pro Jahr die *Stabilimenti*, die Weinfabriken rings um Marsala, wobei die Herstellung strengen gesetzlichen Bestimmungen unterliegt. Gelagert wird der leckere Tropfen, dessen typischer Geschmack durch die Mischung unterschiedlichster Traubensorten entsteht, in Eichenfässern, je nach erwünschten Reifegrad ein bis zehn Jahre lang.

fer Guiseppe Garibaldi mit seiner legendären *Mille*, seinen 1000 freiwilligen Kämpfern, um die Insel von der ungeliebten Bourbonen-Herrschaft zu befreien.

An der Piazza Repubblica erhebt sich der ursprünglich normannische **Duomo San Tomaso**, der allerdings im 18. Jh. umgebaut wurde mit einer ansprechenden Außenfassade im typisch sizilianischen Barock und wertvollen Heiligenfiguren im Inneren.

Im **Museo degli Arazzi** an der Rückseite des Doms werden zahlreiche Kostbarkeiten gezeigt, darunter acht flämische Wandteppiche, die aus dem Jahr 1563 stammen und vermutlich ein Präsent von Philipp II. von Spanien sind, der später Erzbischof von Messina wurde.

Absolutes Highlight des **Museo Archeologico** sind die Reste eine echten punischen Schiffes (3. Jh.), das von fast 70 Ruderern angetrieben wurde.

C1

 A.A.P.T.
Via XI. Maggio 100, 91025 Marsala
℃/Fax 09 23 71 40 97, www.comune.marsala.tp.it

🏛 **Museo degli Arazzi Fiamminghi**
Marsala
℃ 09 23 71 13 27, Di–So 9–13, 16–18 Uhr, Eintritt € 4/2

🏛 **Museo Archeologico Regionale Baglio Anselmi**
Lungomare Boeo, Marsala
℃ 09 23 95 25 35, tägl. 9–19, So bis 13.30 Uhr
Eintritt € 4/2

Ausflugsziel:

C3

Gibellina

Am 15. Januar 1968 brach über den Ort Gibellina eine unvorstellbare Katastrophe herein. Ein schweres Erdbeben machte innerhalb von Minuten die ganze Ansiedlung dem Boden gleich. Das neue Gibellina, *Gibellina Nuova* wurde erst mit 20-jähriger Verzögerung rund 16 km weiter östlich und etwa 50 km von Marsala wieder aufgebaut, weil die bereitgestellten Gelder in dunklen Kanälen verschwanden. Für den neuen Ort spendeten viele Künstler großformatige Kunstwerke und Skulpturen. Von Pietro Consagra stammt der monumentale Stahl-Stern »**La Stella**« (1980), der zum Wahrzeichen des neuen Gibbelina wurde.

Die Ruinenlandschaft des alten *Ruderi di Gibellina* im Bélice-Tal überdeckte der Bildhauer Alberto Burri mit riesigen Betonplatten von 1,60 m Höhe, die der ursprünglichen, bei dem Erdbeben zerstörten Bebauung entsprechen. Die Zwischenräume, die man begehen kann, folgen dem Verlauf der alten Gassen – ein überdimensionales und bedrohlich wirkendes Todesdenkmal, das **Il Cretto**.

Trápani

B2

Die Bischofs-, Hafen-, Industrie- und Provinzhauptstadt (70 000 Einwohner) präsentiert sich malerisch am Fuß des Monte Érice (751 m) und auf einer Landzunge gelegen. Wegen deren Sichelform wurde die Stadt in der Antike auf den griechischen Namen *Drepanon* (Sichel) getauft. Unter der Herrschaft der Araber und der Normannen erlebte die Ansiedlung ihre Blütezeiten.

Am Ende des Corso Vittorio Emanuele, der Fußgängerzone, steht die barocke **Cattedrale San Lorenzo** aus dem Jahr 1635. Den Innenraum ziert ein schönes Deckengemälde, die Kreuzigungsszene des rechten Altars stammt vermutlich von van Dyck.

Hinter der Kathedrale links gelangt man am Piazzetta Purgatorio zur **Chiesa del Purgatorio** (© 09 23 56 28 82, tägl. 16–18.30 Uhr, Eintritt frei) in der Via San Francesco d'Assisi. Hier werden 20 hölzerne, mit Silberarbeiten verzierte Darstellungen des Kreuzweges Christi aufbewahrt, die seit dem 18. Jh. alljährlich am Karfreitag in einer Prozession, der *Processione die Misteri*, durch die Stadt getragen werden.

In der Neustadt, in der Via Conte Augusto Pepoli östlich des Bahnhofs liegt das **Santuario di Maria Santissima Annunziata**. Vom Original des von Karmelitern 1224 gegründeten Klosters ist außer der Fassade mit dem gotischen Portal und der Rosette nichts mehr erhalten.

Das barockisierte Kloster birgt jedoch in seiner kleinen Wallfahrtskapelle, der **Capella della Madonna di**

Flache Salinen, Lagunen und vorgelagerte Inseln prägen die Küste zwischen Trápani und Marsala

Fischer beim Flicken der Netze im Hafen von Trápani

Tràpani, ein Kleinod, die gotische Marmorstatue »Muttergottes mit dem Kind« von Nino Pisano, der viele Wunder zugeschrieben werden.

Im ehemaligen Kloster ist das **Museo Regionale Agostino Pepoli** untergebracht. Zu sehen gibt es unter anderem wertvolle Gemälde (z. B. von Tizian), Keramikexponate und Korallenschmuck aus dem 16. Jh., als in Trápani das Handwerk der Korallenverarbeitung seine Blüte hatte. Vom Hafen aus fahren Fähren nach Tunis und zu den Ägadischen Inseln.

 A.P.T.
Via San Francesco d'Assisi 27, 91100 Trápani
✆ 09 23 54 55 11, www.trapaniwelcome.it

 Museo Regionale »Agostino Pepoli«
Im Kloster, Via Conte Augusto Pepoli 180, Trápani
✆ 09 23 55 32 69
Di–Sa 9–13 und 15–19.30, So 9–12.30 Uhr
Eintritt € 6/3

Trattoria del Porto da Felice
Via Ammiraglio Staiti 45, Trápani
✆ 09 23 54 78 22, Mo und Dez. geschl.
Hier sollten Sie das Couscous mit fangfrischem Fisch und die gefüllten Tintenfische probieren! €–€€

Ausflüge:

 Érice
Das hübsche, mittelalterliche Städtchen (28 450 Einwohner) auf der Kuppe des 751 m hohen Monte San Giuliano, 15 km von Trápani entfernt, zählt zu den ältesten der Insel. Es wurde von den Elymern gegründet, die hier der Fruchtbarkeitsgöttin Venus Erycina huldigten. Für den Anfang des 14. Jh. begonnenen Bau der gotischen **Chiesa La Matrice** gleich hinter der Porta Trápani wurden Steine des ehemaligen Venustempels benutzt; aus dem 15. Jh. stammen die Eingangshalle und ein Teil der Kapellen. Markantes Kennzeichen ist der freistehende **Campanile** (Glockenturm), den man gegen Gebühr besteigen kann.

Im **Centro di Cultura Scientifica Ettore Majorana** im Kloster, benannt nach dem sizilianischen Wissenschaftler, der sich erfolgreich mit der atomaren Kernspaltung beschäftigte und spurlos verschwand, finden Kongresse und Tagungen statt.

Vom normannischen **Castello Pepoli e Venere** aus, das auf den Resten des Tempels der Venus Erycina errichtet wurde, bietet sich ein herrliches 360-Grad-Panorama.

Wer gern Marzipan mag oder ein süßes Mitbringsel sucht, kann in einem der zahlreichen Läden das typische Marzipangebäck (Pasta delle Mandorle) kaufen.

A.A.S.T.
Viale Conte Agostino Pepoli 11, 91016 Érice
✆ 09 23 86 93 88, 09 23 86 91 73, www.apt.trapani.it

Chiesa La Matrice
Piazza Matrice, Érice
Mo–Fr 10–14 Uhr
Eintritt Kirche, Campanile und Museum € 4

Castello di Venere
Via Conte Pepoli, Érice, tägl. 9–19 Uhr

Segesta

Angeblich wurde die antike Hauptstadt der Elymer von flüchtenden Trojanern gegründet. Heute sind von der Ansiedlung nur noch ein dorischer **Säulentempel** (430 v. Chr.), der in absoluter Einsamkeit gute 40 km südöstlich von Tràpani auf einem Hügel steht, und das halbrunde **Theater** aus dem 3. Jh. v. Chr. (tägl. von 9 Uhr bis 1 Std. vor Sonnenuntergang), das sich an den 430 m hohen Monte Barbaro anschmiegt, erhalten. Mit einem öffentlichen Bus gelangt man nach oben und hat vom Anfiteatro auf der Nordseite des Berges einen umwerfenden Blick, der bis zum Golfo di Castellammare reicht.

Oberhalb des Theaters gelangt man zur christlichen **Basilika** (1442) und der **Burg** aus dem 13. Jh.

C3

Zona Archeologica Segesta
✆ 09 24 95 23 56, im Sommer tägl. 9–19, im Winter bis 17 Uhr, Eintritt € 6/3 ∎

Der imposante dorische Tempel in Segesta

Sizilien in Zahlen und Fakten

Fläche: 25 436 km², größte Mittelmeerinsel

Lage: 36,6–38,3° nördlicher Breite, 13–15° östlicher Länge, im Zentrum des Mittelmeers

Entfernung zum italienischen Festland: 3,2 km

Entfernung zum afrikanischen Festland: 140 km

Küstenlänge: 1040 km, davon 440 km am Tyrrhenischen, 312 km am Afrikanischen und 288 km am Ionischen Meer

Einwohner: 4,9 Millionen

Höchste Erhebung: Vulkan Ätna, 3340 m

Beschaffenheit: 90 % der Fläche sind hügelig bis bergig

Status: Autonome Region der Republik Italien

Wirtschaft: ca. 70 % der Sizilianer arbeiten im Dienstleistungssektor; das Bruttosozialprodukt ist gering; die Arbeitslosigkeit liegt bei etwa 20 % (2012)

Landwirtschaft: Sizilien produziert 70 % der Zitronen, 60 % der Mandeln und 25 % der Weintrauben Italiens

Anreise, Einreise

Mit Auto und Fähre

Wer mit dem Auto nach Sizilien fährt braucht vor allem eins: gute Nerven. Denn auf der Strecke München–Bologna–Rom–Villa San Giovanni (Fähre nach Messina) sind immerhin ca. 1650 Kilometer auf der Autobahn, der *Strada del Sole*, zu bewältigen.

Mit Pickerl in Österreich (für 10 Tage € 7,90, für 2 Monate € 23,40) und Mautgebühren in Italien kommt man auf ca. € 75 bzw. € 85.

Fontanarossa
Catánia

E11

Das uralte Symbol Siziliens – das »Trinakria« (Dreibein)

Die Fähren der italienischen Staatsbahn verkehren etwa alle 40 Minuten, die Überfahrt von Villa San Giovanni nach Messina dauert etwa eine halbe Stunde und kostet ca. € 37 für ein Pkw und max. 3 Personen (Hin-und Rückticket etwa € 73). Private Gesellschaften verkehren häufiger und sind etwas teurer. Infos: www.faehre.com, www.directferries.de, www.ferryconsult.de, www.ok-ferry.de.

Mit dem Flugzeug

Während der Hauptsaison gibt es von allen großen deutschen Flughäfen mehrmals täglich preisgünstige Charterflüge nach Sizilien, genauer gesagt nach Catánia oder Palermo. Die Fluggesellschaften Alitalia und Lufthansa fliegen die Insel im Linienverkehr an.

Am häufigsten wird der Flughafen **Fontanarossa Catánia** (www.aeroporto.catania.it) angeflogen. Von dort verkehren von

Nützlich zu wissen:

Bevor man in Italien einen Bahnsteig betritt, muss man sein Zugticket an einem der gelben Automaten, die an den Zugängen aufgestellt sind, entwerten, andernfalls gilt man als »Schwarzfahrer«.

5 bis 24 Uhr alle 20 Minuten Busse zum Hauptbahnhof (etwa 5 km).

Vom Flughafen **Falcone Borsellino Palermo** (www.gesap.it) verkehrt 5–24 Uhr stündlich ein Bus (© 0800-54 18 80, gebührenfrei) zum Hauptbahnhof, Fahrtzeit: 45 Minuten. Genauso lange dauert die Bahnfahrt mit dem Trinacria Express (www.palermoweb.com). Von hier kann man mit Bussen in die meisten Touristenzentren weiter fahren.

B5

Mit der Bahn

Die Anreise mit der Bahn kostet viel Zeit, ab München beispielsweise muss mit ca. 20 Stunden gerechnet werden. Eine direkte Verbindung gibt es nicht, ein Umsteigen in Mailand oder Rom ist notwendig. Wegen der langen Reisezeit ist ein Schlaf- oder Liegewagen zu empfehlen. Wer mit der Bahn (© 06 68 47 54 75, www.trenitalia.com) anreist, sollte vor Ferienantritt unbedingt den Bahnendpreis mit dem eines Flugtickets vergleichen!

Auskunft

Fremdenverkehrsämter:

Die Italienische Zentrale für Tourismus **ENIT** (Ente Nazionale Italiano per il Turismo, www.enit.it) hat in der Bundesrepublik Deutschland, in der Schweiz und in Österreich je eine Niederlassung.

Der einstige Hafen von Segesta: Castellammare del Golfo

In Deutschland:
– Barckhausstr. 10, 60325 Frankfurt/Main
✆ (069) 23 74 34, Fax (069) 23 28 94
www.enit.de, frankfurt@enit.it

In Österreich:
Mariahilfer Str. 1 B, A-1060 Wien
✆ (01) 505 16 39, Fax (01) 505 02 48
www.enit.at, vienna@enit.it

In der Schweiz:
Uraniastr. 32, CH-8001 Zürich
✆ (043) 466 40 40, Fax (043) 466 40 41
www.enit.ch, zurich@enit.it

Notfälle, wichtige Rufnummern:

Vorwahl Italien: + 39
Wenn man vom Ausland in Sizilien anruft, muss ebenso wie innerhalb der Orte immer die komplette Telefonnummer einschließlich der »0« gewählt werden.

ACI (Abschleppdienst des italienischen Automobilclubs, *soccorso di stradale*) ✆ 116
Carabinieri ✆ 112
Feuerwehr *(vigili del fuoco)* ✆ 115
Polizei *(polizia)* ✆ 113
Rettungsdienst *(pronto soccorso)* ✆ 118
Rettung auf See ✆ 15 30
Telefonauskunft ✆ 12
Zollbehörde ✆ 117

Automiete, Autofahren

Autos können unter anderem direkt an den Flughäfen von Palermo und Catánia gemietet werden, beispielsweise bei Avis, Hertz, Sixt, holidayautos und Europcar. Ein Kleinwagen kostet pro Tag ca. € 30–40.
Palermo: Avis am Flughafen Falcone Borsellino, ✆ 06 419 99, www.avisautonoleggio.it, ✆ 0186 67 35 17 15, www.rentalcargroup.com
Catánia: EUROPCAR am Flughafen Fontanarossa, ✆ 0199 30 70 30, www.europcar.it
Oder Sie reservieren Ihren Mietwagen vor Reiseantritt von Deutschland aus, zum Beispiel bei:
Avis: 018 05 21 77 02, www.avis.de
Hertz: 018 05 33 35 35, www.hertz.de
Europcar: 018 05 80 00, www.europcar.de
Sixt: 018 05 25 25 25, www.sixt.de

Die Benutzung der Autobahnen kostet in Italien **Gebühren**, die auf verschiedene Weise entrichtet werden können. Entweder kauft man sich eine »Via

Nützlich zu wissen

- Das **Tempolimit** auf Autobahnen liegt bei 130, auf extra ausge-wiesenen, dreispurigen Autobahnen 150 km/h, auf Schnellstraßen bei 110 km/h, auf Landstraßen bei 90 km/h, innerorts bei 50 km/h. für Wohnwagen und Anhänger auf dem außerstädtischen Stra-ßennetz 80 km/h und auf allen Autobahnen 100 km/h.
- Die italienischen **Bußgelder** gehören zu den höchsten in Europa, die Mindestgebühr für einfaches Falschparken beträgt € 35, seit 2004 gibt es Radarkontrollen.
- Für den Fall, dass man wegen Unfall oder Panne auf einer Auto-bahn das Auto verlässt, muss im Auto eine reflektierende **Sicher-heitsweste** (DIN EN 471) vorhanden sein (erhältlich in Tankstellen, Baumärkten etc.).
- Tagsüber muss nicht nur auf Autobahnen, sondern auch auf allen Überlandstraßen mit **Abblendlicht** gefahren werden.
- **Telefonieren** am Steuer ist nur mit Freisprecheinrichtung erlaubt.
- Es herrscht **Anschnallpflicht**.
- Die **Promillegrenze** beträgt 0,5.

Card« (Gebühren werden abgebucht) an den Auto-bahnzahlstellen, an den »Punto Blue«-Informations-zentren, in den »Autogrill«-Raststätten oder in Ta-bakwarengeschäften oder man zahlt an den mit dem Zeichen »Self-Service« gekennzeichneten Ausfahrten mit seiner Kreditkarte, mit Hilfe des elektronischen Zahlungssystems »Telepass« oder ganz einfach in bar.

Behindertengerechte Einrichtungen

Rollstuhlfahrer haben es in Sizilien nicht gerade leicht, denn behindertengerechte Einrichtungen sind selten, selbst in vielen Museen, Bussen, Fähren und Zügen wird man sie vergeblich suchen. Enge, steile Gassen, hohe Bürgersteige ohne Absenkungen, gro-bes Kopfsteinpflaster und die »unkonventionelle« Art, Autos auf den Straßen zu parken, machen Be-hinderten das Leben oft schwer. Infos unter: www. behindertenreisen.de, www.bsk-ev.org.

Diplomatische Vertretungen

Deutsche Botschaft
Via San Martino della Battaglia 4, 00185 Roma
✆ 06 49 21 31, Fax 06 4 45 26 72, www.rom.diplo.de

Österreichische Botschaft
Viale Liegi 32, 00198 Roma
✆ 06 841 82 12, Fax 06 85 35 29 91, www.bmeia.gv.at

Schweizer Botschaft
Via B. Oriani 61, 00197 Roma
✆ 06 80 95 71, www.eda.admin.ch

Essen und Trinken

Die sizilianische Küche ist ausgesprochen vielseitig und äußerst schmackhaft, wobei jedes Gebiet der Insel mit eigenen variantenreichen Rezepten aufwartet. Den Griechen verdankt die sizilianische Küche vor allem den Genuss der zahlreiche Früchte der Erde, bis heute Grundlage der bäuerlichen Kochkunst. Die Araber haben vor allem im Westen der Insel ein wichtiges gastronomisches Erbe hinterlassen, nämlich das *Couscous,* wie es auch in Nordafrika gegessen wird.

Eine Besonderheit der sizilianischen Küche ist die Küche von Palermo, die als besonders raffiniert gilt und durch die häufige Verwendung von Rosinen, Pinienkernen, Mandeln und Sesam sowie die süß-saure Zubereitung ebenfalls typisch arabische Züge trägt. In Messina und im Westen der Insel verwendet man gerne den von den Normannen eingeführten Stockfisch.

Von den Franzosen stammen die abwechslungsreichen Saucen, Pasteten und *Falsomagro* aus Fleisch. Im 19. Jh. gehörte es bei wohlhabenden Adelsfamilien der Insel übrigens zum guten Ton, einen Koch aus Frankreich anzustellen.

Sizilianisches Menü

Neben Reisklößchen werden als **Vorspeise** vor allem auf vielfältige Art und Weise zubereitete Oliven kredenzt. Oder man reicht eine *Caponata,* eine Mischung aus verschiedenen, süß-sauer zubereiteten Gemüsesorten.

Die arabische Spezialität *Couscous,* Pasteten, *Pasta alla Norma* (Hommage an den aus Catánia stammenden Komponisten Bellini, der die Oper »Norma« schrieb), Pasta *'cca muddica* (mit Öl, Knoblauch, Sardellen und Semmelbrösel) und Pasta mit Sardellen (vor allem in Westsizilien) sind die wichtigsten Spezialitäten des **ersten Ganges**.

Köstlichkeiten aus dem Meer (Thunfisch, Schwertfisch, Mascolini, Glatthai, Seehecht) sind für den **Hauptgang** bestimmt. Thunfisch bereitet man meist *al ragù* (mit Fleisch, Knoblauch, Poleiminze, Tomaten, Peperoni) zu und Schwertfisch mit Kartoffeln, Kapern und Oliven. Traditionell ist Sizilien keine fleischreiche Region, vor allem Rindfleisch ist selten. Schon häufiger verwen-

Markt in der Altstadt von Catánia

Die *Sagre*, Volksfeste des Essens und Trinkens
Überall auf der Insel und zu jeder Jahreszeit werden Sie auf die *Sagre* eingeladen, Volksfeste, bei denen sich alles um Essen und Trinken dreht, ergänzt durch folkloristische Konzerte und Theateraufführungen.Man probiert ortstypische Produkte wie beispielsweise in Cerda und Niscemi diverse Artischockengerichte, in Cefalù und Mazara del Vallo über Holzkohle gegrillten Fisch, in Bolognetta die *salsiccia*, eine gegrillte, mit Pfeffer und Fenchelsamen gewürzte Wurst, oder in Montelepre den *buccellati*, ein mit getrockneten Feigen, Rosinen und Pinienkernen gefüllter Kuchen. Besser kann man echte sizilianische Küche sicher nicht kennenlernen!

det werden Schaf, Wild, Huhn, Schwein und Ziege. In der Provinz Ragusa sollte man unbedingt die gefüllten Schweinekoteletts und die mit reichlich Kräutern und Gewürzen hergestellten Wurstwaren probieren.

Typische **Käsesorten**, die ein gutes Essen abrunden, sind *Caciocavallo*, *Pecorina* (nicht gereift oder mit Pfeffer) und der frische oder gesalzene *Ricotta*.

Cassata (Ricotta mit Zucker, Schokolade, kandierten Früchten auf einem Boden von süßem Sandkuchen), *cuccìa* (Ricottacreme mit gesüßten Getreidekörnern), süßes *Couscous, impanataglie* aus Módica (süße Ravioli), *gelo* (Melone, Schokolade, Zimt, Vanille) und natürlich die vielen Eisspezialitäten zählen zu den wichtigsten **Süßspeisen** der Insel.

Als alkoholfreie Erfrischungsgetränke gibt es unter anderem *Granite* und Mandelmilch.

Feiertage, Feste

Feiertage:

1. Januar	– *Capodanno* (Neujahr)
6. Januar	– *Epifania* (Heilige Drei Könige)
Ostermontag	– *Pasquetta*
25. April	– *La Resistenza* (Tag der Befreiung)
1. Mai	– *Festa del lavoro* (Tag der Arbeit)
15. August	– *Ferragosto* (Mariä Himmelfahrt)
1. November	– *Tutti di Santi* (Allerheiligen)
8. Dezember	– *L'immacolata Concezione* (Mariä Empfängnis)
25. Dezember	– *Natale* (Weihnachten)
26. Dezember	– *Santo Stefano*

Rosette der Chiesa di San Francesco (Palermo)

Feste:

Januar:
Custonaci: Krippenspiel in der Grotte Mangiapane
Palermo: Piano degli Albanesi (6. Jan.): Umzüge zum Feiertag der Heiligen Drei Könige
Piana degli Albanesi: Orthodoxes Dreikönigsfest

Februar:
Acireale: Ende Feb.: Karneval mit vielen Umzügen
Agrigento: Bis Mitte Feb.: *La sagra del mandorlo,* Mandelblütenfest, unter anderem mit internationalem Folklore-Festival, Festwagen und Autorennen. 1935 wurde dieses Fest ins Leben gerufen.
Catánia: *Festa di Sant'Agata*, Fest der hl. Agatha mit feierlichen Prozessionen, an denen auch Persönlichkeiten der Stadt und Kirche teilnehmen. Anschließend gibt es ein grandioses Feuerwerk und ein Crossrennen, bei dem die Besten dieser Sportart in den Straßen der Altstadt um den begehrte Siegertitel kämpfen. Das Rennen endet mit der Verleihung des nach der Schutzheiligen benannten Preises.
Sciacca: Karneval. Diese Tradition reicht bis ins 17. Jh. zurück. Höhepunkt ist der farbenprächtige Umzug mit den Karnevalswagen, der am Samstag beginnt und bis zum Dienstag dauert. Den krönenden Abschluss bildet das Verbrennen der Wagen auf dem Dorfplatz. Infos: www.sciaccarnevale.it.
Termini Imerese: Karneval. Seit dem 19. Jh. finden hier Aufführungen statt, die inzwischen zu den bekanntesten der Insel zählen. Dabei dreht sich alles um zwei Masken, die *u Nannu ca'Nanna* genannt werden.
Trápani: Mysterienprozession während der Karwoche – von Karfreitag bis zum darauf folgenden Samstag werden Statuen aus dem 17. Jh. durch die Straßen der Stadt getragen und Szenen aus der Passion Christi dargestellt.

März/April:
Auf der ganzen Insel: Carnevale, bis April.
Butera: Kostümierte Palmenprozession mit Statuen von Christus und der Madonna.
Caltanissetta: Feierlichkeiten während der Karwoche, die am Mittwoch mit der eindrucksvollen Prozession der *Real Maestranza* beginnt, an der rund 400 Personen teilnehmen. Am Gründonnerstag geht es dann mit einer Mysterienprozession weiter, gefolgt von der Prozession des Schwarzen Christus am Karfreitag.
Enna: Zahlreiche Veranstaltungen während der Karwoche, Mönche mit Kapuzen ziehen im Stundentakt durch die Stadt, feierliche Prozession am Karfreitag, am Ostersonntag werden die Statuen des auferstandenen Christus und der Madonna auf dem Domplatz den zahlreichen Zuschauern präsentiert.
Marsala: *Processione dei Misteri* am Gründonnerstag.
Módica: Veranstaltung mit Vasa-Vasa-Madonna, bei dieser Prozession ziehen unzählige Gläubige über den Corso Umberto zur Kirche Santa Maria di Betlem, wo traditionell Mittagskuss zwischen Maria und dem auferstandenen Christus dargestellt wird. Vor dem »Zusammentreffen« suchen sich die beiden Statuen auf den Schultern ihrer Träger. Völlige Begeisterung

Mysterienprozession während der Karwoche in Trápani

kommt auf, wenn die Muttergottes beim Anblick ihres Sohns ihm freudig die Arme entgegen streckt, ihren schwarzen Mantel abwirft und der klassische himmelblaue Umhang sichtbar wird.

San Fratello: Fest der Juden. Die Ursprünge dieses Festes, bei dem kostümierte Menschen mit Musikinstrumenten ein höllisches Spektakel aufführen, sind nicht bekannt. Die Kostüme der Festteilnehmer, die in den Familien von einer Generation zur nächsten weiter gegeben werden, bestehen aus einer Jacke und einer Hose aus rotem Musselin, auf den weiße oder gelbe Streifen genäht sind. Auf dem Kopf trägt man eine Kapuze mit einer Art Schwanz. Mit diesen Kostümen werden die Juden dargestellt, die Jesus auf seinem Weg zur Kreuzigung verspotten.

Trápani: *Processione dei Misteri* am Karfreitag, bunt geschmückte Wagen mit Figuren, die den Leidensweg Christi nachstellen.

Alcarno, Cefalù, Érice, Trápani, Gela: Prozessionen am Karfreitag.

April:
Pergusa: Auf der Rennstrecke von Pergusa, einer in Sizilien einzigartigen Anlage, finden bis zum Oktober zahlreiche Auto- und Motorradrennen der italienischen Meisterklasse statt.

Ragusa: *Festa di San Giorgio*, Fest des heiligen Georg.

Mai:
Calatifimi: Kreuzesfest, nur alle 5 Jahre (2016 wieder) mit Umzug mit geschmückten Wagen (Szenen aus der Bibel) am 1. Mai und Prozessionen am 2. Mai.

Casteltermini: Kreuzfest mit Tataratà, bei diesem originellen Fest treffen zwei Gruppen von jungen Männern in weißen arabischen Kostümen in einem Schwertkampf aufeinander und formieren sich zu unterschiedlichen Figuren. Begleitet wird das Spektakel von wilden Trommelklängen.

Noto: Saluta della Primavera (»Begrüßung des Frühlings), in der Nacht zum 3. Sonntag im Mai wird die Hauptstraße des Ortes mit wunderschönen vielfarbigen Blumenmosaiken geschmückt.

Mondello: Windsurf-Festival. Infos: www.wwfestival.com.

Palazzolo Acréide: Internationales Jugendfestival für klassisches Theater mit zahlreichen Veranstaltungen im prunkvollen griechischen Theater von Palazzolo Acréide.

Siracusa: *Festa di Santa Lucia*, Prozession zu Ehren der Stadtheiligen am 1. Sonntag im Mai, Theaterveranstaltungen im antiken Theater, von Mai bis Juni.

Juni:

In vielen Fischerorten: *Festa di San Pietro*, Fest des heiligen Petrus, des Schutzheiliger der Fischer.

Alcara: Festa del Muzzuni, Heiligenfest für Johannes den Täufer zur Sommersonnwende.

Castelbuono: *Sagra della ciliegie*, religiöses Fest Ende des Monats.

Monreale: Fest des Heiligen Kreuzes.

Palazzolo Acréide: *Festa di San Paolo*, das Fest des heiligen Paulus Ende Juni dauert drei Tage. Am ersten Tag findet eine große Veranstaltung mit Unterhaltungsmusik statt, am zweiten wird der Heilige auf dem Hauptaltar der Kirche enthüllt, am dritten, dem Höhepunkt, tritt dann der Heilige unter Glockengeläut und Salutschüssen aus der Kirche. Dabei wird er auf den Schultern der Gläubigen, begleitet von Musikkapellen durch die Straßen des Dorfes getragen, gefolgt von barfüßigen Frauen. Ihren Abschluss finden die Feierlichkeiten in Konzerten und einem kunstvollem Feuerwerk.

Juli:

Agrigento: *Feste di Persefone*, Theateraufführungen im Tal der Tempel; Pirandello-Woche, zu Ehren des Schriftstellers Luigi Pirandello finden Veranstaltungen in seinem Geburtshaus statt. Verleihung des »Kaos«-Preises an Schauspieler, Musiker und Schriftsteller, die sich mit dem Dramaturgen beschäftigt haben.

Aidone Morgantina: Klassische Theaterveranstaltungen im griechischen Theater.

Caltagirone: Jakobsfest am 24./25. Juli, dabei erstrahlt die 142 Stufen lange Treppe von Santa Maria del Monte, die die Unterstadt mit der Oberstadt verbindet, im Licht von Tausenden farbigen Lampions, die verschiedene Formen und Schmuckelemente bilden. Wunderschön!

Catánia: »Musik und Sommer«.

Enna: Freilichtaufführungen im Castell; Fest der Schutzpatronin.

Érice: Internationale Woche der Musik aus dem Mittelalter und der Renaissance in den mehr als 60 Kirchen der Stadt.

Gibellina: *Orestiadi di Gibellina*, Internationale Theaterfestspiele in den Ruinen von Gibellina.

Palermo: *Festa di Santa Rosalia*. Die heilige Rosalia wurde im 17. Jh. zur Schutzpatronin der Stadt ernannt, weil man ihr den Sieg der Stadt über die damals wütende Pest zuschrieb. Höhepunkt der feierlichen Prozession ist der riesige Umzugswagen in Form eines Schiffes, der durch die Straßen von Palermo fährt.

Piazza Armerina: Normannischer Palio, der an das Jahr 1060 erinnert, als die Normannen unter der Führung von Roger von Altavilla die Sarazenen von der Insel vertrieben, um ihre eigene Herrschaft zu errichten. Bei dem Wettkampf zwischen den vier Stadtvierteln müssen die Reiter eine Reihe von Proben bestehen und Aufgaben lösen. Am Ende zieht ein feierlicher Zug durch die alten Straßen der Stadt.

Ragusa: Internationales Orgelfestival mit renommierten Künstlern aus ganz Europa.

Segesta: Bis zum Augus finden klassische Theateraufführungen in der traumhaft schönen Kulisse des antiken Theaters aus dem 2. Jh. v. Chr. gegenüber dem Monte Barbaro statt.

Taormina: *Taormina Arte* (www.taormina-arte.com), Kulturfestival im Griechischen Theater.

August:

Butera: Fest des heiligen Rochus, bei dem ein einzigartiges *Sirpintazzu* genanntes Ritual zelebriert wird.

Castelbuono: *Arruccata di li Ventimiglia*, Kostümveranstaltung auf dem Platz vor dem Kastell, die an die wichtigsten Ereignisse aus der Geschichte des Ortes erinnert.

Messina: *Sfiliata dei Giganti*, Fest mit Riesen, dabei geht es um zwei Reiterstatuen, die die bärtigen Mohren Grifo und Mata darstellen sollen, und eine edle Dame, der man die Gründung der Stadt zuschreibt. Feierlicher Umzug am 15. Aug., bei dem die so genannte *Grande Vara*, ein 8 t schwerer und 15 m hoher Triumphwagen mit beweglichen Figuren aus Pappmaschee, mit einem 60 m langen Seil durch die Straßen gezogen wird. Etwa 1000 Personen, die von 50 Aufsehern koordiniert werden, packen dabei fest mit an. Der Wagen stellt den Schöpfer zwischen den Engeln dar, der auf der Handfläche die Madonna hält.

Piazza Armerina: *Palio dei Normanni*, Ritterspiele mit Lanzenstechen in historischen Kostümen, 13./14. Aug. (www.paliodeinormanni.it)

Palazzolo Acréide: Fest des heiligen Sebastian.

Ragusa: Fest des heiligen Johannes, 27.–29. Aug.

San Vito lo Capo: Jazzfestival, Ende Aug. Infos: www.sanvitojazz.it

September:

Bronte: Fest rund um die Pistazie mit Besuch in Herstellerbetrieben und Probierständen auf den Straßen.

Caltanissetta: Fest zu Ehren des heiligen Michael.
Palermo: *Festa di S. Rosalie*, Anfang des Monats, feierliche Prozession mit Fackeln auf den Monte Pellegrino.
San Fratello: Ende Sept. Rodeo wie im Wilden Westen. Die »Cowboys« reiten auf Pferden, die hier gezüchtet werden und nach dem Ort Sanfratellana benannt sind.
San Vito lo Capo: Couscous-Fest, bei dem Frauen und Männer – alles begeisterte Hobbyköche – ein so genanntes Friedensmahl zubereiten.
Siracusa: Pferderennen.
Tyndaris: *Festa di Madonna Neri*, Fest zu Ehren der Schwarzen Madonna.

Oktober:
Catánia: *Coppa del Mediterraneo*, internationales Reitturnier im Viertel Coda Volpe; Beginn der Opernsaison im Teatro Bellini.
Palermo: Cup der Asse. Im Parco della Favorita findet der internationale Wettkampf im Springreiten und der Cup der Asse statt. Beginn der Opernsaison im Teatro Massimo; *Festival del Novecento*.

November:
Monreale: Woche der Sakralmusik, die bis in den Dezember hinein reicht und im Dom stattfindet. **Palermo:** *Giorno dei Morti*, Gedenktag der Toten am 2. Nov.

Dezember:
Érice: *Internazionale degli Strumenti Populari*, Internationales Treffen der Volksmusik.
Monreale: Internationales Kirchenmusik-Festival.
Ragusa: Barockfestival.

Geld, Banken, Kreditkarten

Die italienische Währung ist der Euro. Die Einfuhr von Euro oder anderen Währungen ist nicht begrenzt, aber es gibt überall Automaten, an denen man per EC- oder Kreditkarte Bargeld bekommt. Allerdings akzeptieren nicht alle Automaten alle Karten, deshalb auf die entsprechenden Aufkleber achten. In den meisten Geschäften, Restaurants und Hotels kann man mit gängigen Kreditkarten bezahlen.

Banken haben normalerweise Mo–Fr 8.30–13.30 und 15–16 oder 17 Uhr geöffnet. Einige Bankschalter in größeren Städten öffnen auch am Samstag.

Gesundheit

Die **Europäische Krankenversicherungskarte** (EHIC) ist erhältlich bei der eigenen (gesetzlichen) Krankenkasse, damit wird man bei Vertragsärzten und in Krankenhäusern kostenfrei behandelt. Erfahrungsgemäß fallen die ärztlichen Honorare in Urlaubsgebieten hoch aus, doch gegen eine ordnungsgemäße Quittung (*ricevuta*) erhält man die Ausgaben von seiner Krankenkasse ganz oder anteilig zurückerstattet. Falls ein Rezept verschrieben wurde, werden auch die Apothekenkosten vergütet. Der Abschluss einer zusätzlichen Auslandskrankenversicherung ist anzuraten, die Kosten sind gering.

Die **Apotheken** (*farmacia*) sind im Allgemeinen Mo–Fr 8.30–12.30 und 15–19 Uhr geöffnet. Ähnlich wie in Deutschland haben einige auch Nacht- und Feiertagsdienst. Erkennen kann man eine Apotheke am grünen Kreuz über der Eingangstür.

In den touristischen Ballungszentren ist eine gute medizinische Versorgung sichergestellt. Hier trifft man oft sogar auf Ärzte, die Deutsch sprechen. Ganz anders verhält es sich im Inselinneren, wo meistens italienische Sprachkenntnisse notwendig sind.

Für dringende Notfälle wendet man sich an die Bereitschaftsärzte der *Guardia Medica Touristica*, deren Telefonnummern in den jeweiligen »Gelben Seiten« (unter *Ambulatori e Consultori*, Zahnärzte unter *Medici Dentisi*) zu finden sind. Auch die Notaufnahmen der Krankenhäuser *(pronto soccorso)* können in dringenden Fällen aufgesucht werden.

Internet

www.ratgeber-italien.de
www.emmeti.it
www.beniculturali.it
www.sizilien-netz.de
www.sicilian.net
www.sizilien-entdecken.de
www.enit.it
www.parks.it
www.italien-inseln.de (ausführliche Infos über die neun Provinzen, mit Wetter und Neuigkeiten)
www.sizilien-rad.de (für Radfahrer und Mountainbiker)
www.siciliainfesta.com (Infos zu den Festen)

Klima, Kleidung, Reisezeit

Der Winter auf Sizilien ist kurz und es regnet öfter. Dennoch sollten sich Kunstliebhaber wegen der kühleren Temperaturen gerade diese Zeit aussuchen, wobei zu beachten ist, dass die meisten Hotels und viele Restaurants geschlossen sind. Wer die blühende Natur in vollen Zügen genießen möchte, dem sei als Reisezeit das Frühjahr empfohlen, das auf der Insel bereits Anfang März beginnt. Von April bis Juni sowie September bis Anfang November ist das Klima ausgesprochen angenehm. Der Sommer ist sehr heiß, wobei die aus Afrika wehenden Winde die Temperaturen an der Südküste nochmals steigen lassen.

Regen kommt während der Sommerzeit so gut wie gar nicht vor. An den anderen Küsten weht – außer im Juli und August – meist ein angenehmer leichter Wind. Im Landesinneren liegen die Temperaturen stets etwas unter denen an der Küste, wobei hier oft der leichte Wind fehlt.

Wer sich seinen Urlaub zeitlich einteilen kann, sollte auf jeden Fall den Monat August meiden, denn während dieser Zeit haben fast alle Italiener Ferien (z.B. schließt das Fiat-Werk die kompletten vier Wochen) und die Insel wird wirklich übervölkert.

Mitbringsel

Inseltypische Mitbringsel sind beispielsweise Keramikarbeiten, Teppiche, Spitze, Papyrusbilder, Körbe, Puppen und kleine sizilianische Handwagen. Unter den Keramikarbeiten finden sich sowohl Kunst- als auch Gebrauchsgegenstände – ein bedeutendes Zentrum ist Caltagirone.

Typische Touristenmitbringsel: handgearbeitete Marionetten von sizilianischen Rittern und arabischen Sarazenen

Das Handwerk wurde von den Arabern eingeführt und konnte sich vor allem wegen der reichen Tonvorkommen entwickeln. Ausgesprochen schön sehen auch die Teller und Vasen aus, die traditionell mit gelben und grünen oder blauen Mustern auf weißem Grund verziert sind. Ebenfalls angeboten werden Vasen in Form eines Mohrenkopfes.

Ein weiteres bedeutendes Keramikzentrum ist Santo Stefano di Camastra, wo unter anderem auch die hübschen Majolikafliesen hergestellt werden.

Aus den Dörfern der Madonie stammen Teppiche und farbige Decken *(pizzare)*, aus dem Ort Érice eine besondere Teppich-Art, der *frazzate*, ein aus Stoffresten und Baumwollfäden gewebter Teppich.

Wer schöne Stickereien schätzt, wird sicherlich in Santa Caterina di Villarmosa fündig. Rund um den Ätna fertigen Steinmetze Kunstwerke aus Lavagestein an. Der Überschuss an Rohmaterial in dieser Gegend schützt das Handwerk vor dem Aussterben.

Mit Kindern auf Sizilien

Obwohl die Sizilianer – wie auch die Italiener auf dem Festland – als ausgesprochen kinderlieb gelten, gibt es auf der Insel nur ganz wenige Kinderspielplätze. Dennoch kommt bei den jungen Besuchern keine Langweile auf, denn Sizilien bietet ein kunterbuntes Programm an.

In der Beliebtheitsscala stehen natürlich die zahlreichen Sandstrände an erster Stelle, dicht gefolgt von spannenden Bootstouren zu den kleinen Inseln.

Auch das **Naturreservat Zingaro** im Nordwesten der Insel hat für kleine, neugierige Abenteurer viel zu bieten. Hier findet man kleine, sandige Buchten, raue Kalkfelsen, Falken, Adler und Geier. Ein solcher Ausflug begeistert Eltern und Kinder gleichermaßen (www.riservazingaro.it).

Von der Seilbahn aus lassen sich die gefährlichen Löwen und Tiger des 35 ha großen **Parco Zoo di Sicilia** im **Etnaland** (am Fuße des Ätnas, zwischen Paternò und Belpasso, © 095 791 33 34, www.etnaland.eu) am eindrucksvollsten beobachten. Besonders Mutige können während einer Safari den Wildtieren direkt in die Augen schauen!

Und wenn man schon mal am Ätna ist, sollte man auch noch eine Fahrt mit der Circumetnea (vgl. S. 37), der Ätnabahn, einer privaten Schmalspurbahn unternehmen. Nicht nur Puppenmuttis zieht ins **Museo internazionale delle Marionette** in Palermo (vgl. S. 15), eine absolut sehenswerte Sammlung unterschiedlichster Marionetten, die während der Saison in abendlichen Vorführungen zum Leben erweckt werden.

In so gut wie allen Restaurants und Trattorien werden spezielle Kindergerichte angeboten. Übrigens: Nicht nur die kleinen Schleckermäuler wissen die zahlreichen Eisspezialitäten der Insel sehr zu schätzen, daher gehört der Besuch einer Eisdiele fast schon zum Pflichtprogramm!

Nachtleben

In allen größeren Städten gibt es Diskotheken, meist unter freien Himmel. Die Älteren Einheimischen treffen sich auf der Hauptverkehrsstraße, der Promenade am Meer, dem Terrassen-Café oder auf dem

Hauptplatz um zu reden, zu diskutieren und miteinander Spaß zu haben. Daher ist es in den Gassen der Altstädte oft bis weit nach Mitternacht ziemlich laut. Ruhebedürftige Urlauber sollten daher eher ein Hotel am Stadtrand oder außerhalb größerer Städte wählen!

Naturschutzgebiete, Parks

C/D
10/11

In Sizilien gibt es etliche kleinere Naturschutzgebiete und drei Regionalparks, nämlich den **Ätna-Naturpark** (58 085 ha) rings um den Vulkan mit einer enorm beeindruckenden Vielfalt an unterschiedlichsten Pflanzenarten, den **Regionalpark Monti Nebrodi** (85 587 ha) im Norden der Insel mit seinen Buchen, Hochweiden, dem gelbblühenden Ginster und den Sanfrantello-Pferden und den **Regionalpark Madonie** (40 000 ha) in der Provinz Palermo mit (abgesehen vom Ätna) den höchsten Gipfeln der Insel, dem Pizzo Carbonara (1979 m) und dem Pizzo Antenna Grande (1977 m).

B/C
9–11

B/C
7/8

Die **Insel Ustica** war das erste Meeresschutzgebiet in Italien und ist – dank der abwechslungsreichen Unterwasserwelt – Anziehungspunkt für viele tauchbegeisterte Urlauber. Sie kann von Palermo aus bequem mit Fähren und Tragflächenbooten erreicht werden.

A2

Die **Ägadischen Inseln**, zu denen die Favignana, Levanzo und Marettimo sowie die Felsen von Maraone und Formica gehören, liegen vor der Westküste nahe Trápani (dort starten auch die Fähren und Tragflächenboote).

A1,
F1

Vom Hafen von Acitrezza aus fährt ein Ausflugsboot zu den **Zyklopeninseln**, einer eindrucksvollen Felsmasse kurz vor der Küste.

D12

Die **Äolischen oder Liparischen Inseln** (Lipari, Vulcano, Salina, Panarea, Filicudi, Alicudi und Stromboli) sind ebenfalls Meeresschutzgebiete und galten in der antiken Mythologie als Wohnstätte der Götter des Windes (Äolos) und des Feuers (Vulkan).

A/B
6–9,
A3

Infos zu Naturschutzgebieten und Parks unter: www.parks.it

Öffentliche Verkehrsmittel

Eisenbahnlinien der FS *(Ferrovie dello stato),* der Staatlichen Eisenbahngesellschaft, sind auf der ganzen Insel verteilt, wobei die Hauptachsen von Messina nach Palermo, weiter nach Agrigent; von Messina nach Siracusa, weiter nach Agrigent und von Palermo nach Trápani führen. Allerdings werden die Züge mehr und mehr durch Busse ersetzt. Genaue Auskünfte über die Zugfahrzeiten erhält man unter www.trenitalia.com.

»Giornali«, Zeitungen, erhält man in Catánia auf der Piazza Università

Die **Busverbindungen** innerhalb der größeren Orte werden von den jeweiligen Gemeinde betrieben und haben einen relativ gut funktionierenden Fahrplan (www.aziendasicilianatrasporti.it), was man von den meist privaten Busanbietern außerhalb der Städte wirklich nicht behaupten kann!

Wer jedoch bequem und zeitlich unabhängig die Insel erkunden möchte, sollte sich ein **Mietauto** nehmen, wobei bereits ein kleiner kostengünstiger Cinquecento den Zweck gut erfüllt. Die Buchung sollte wegen der günstigeren Preise schon vor Reiseantritt von zu Hause aus erfolgen.

Zu den Inseln gelangt man mit regelmäßig fahrenden Tragflügelbooten und/oder Fähren. Hinweise finden Sie bei den jeweiligen Orten.

Öffnungszeiten, Eintrittspreise

Die meisten **Geschäfte** (vor allem in touristischen Gebieten und während der Saison) haben durchgehend geöffnet, also Mo–Sa 9.30/10–19.30/20 Uhr, in touristischen Zentren sogar oft bis Mitternacht. In kleineren Ortschaften gibt es meistens eine Mittagspause von 12.30–15 oder 16 Uhr im Norden und 14–17 Uhr im Süden.

Die Öffnungszeiten der **Sehenswürdigkeiten** finden Sie unter den Vista Points. Da sie leider häufig geändert werden, kann keine Garatie für die Richtigkeit übernommen werden. Das gilt auch für die **Eintrittspreise**.

Post, Briefmarken

Briefmarken *(sellos)* kann man auf den Postämtern *(posta,* Mo–Fr 8.30–14, in großen Städten bis 18, Sa 8.30–12 Uhr) und in Tabakwarengeschäften bekommen. In den roten Briefkästen gibt es getrennte Einwürfe für inner- und außerstädtische Post. Die blauen Briefkästen sind für das Ausland zuständig. Von den meisten Postämtern aus können auch Faxe verschickt werden.

Presse

In den Touristenhochburgen wie Taormina sind deutsche Tages- und Wochenzeitungen meist am Tag des Erscheinens oder einen Tag später erhältlich. Größere Hotels verfügen über Satellitenantennen, mit denen deutsches Fernsehen empfangen werden kann.

Rauchen

Seit Anfang 2005 gilt in allen öffentlichen Gebäuden (Einkaufszentren, Bahnhöfen, Zügen, Restaurants, Bars, Diskotheken etc.) striktes Rauchverbot. Raucherzonen in Restaurants etc. sind ausgeschildert.

Sicherheit

Mit Sizilien wird automatisch auch der Begriff Mafia verbunden. Doch als Tourist muss man sich nicht fürchten. Aber sollte man – gerade in großen Städten wie Palermo oder Catánia – Wertgegenstände wie Geldbeutel und Kreditkarte direkt am Körper tragen, damit man vor den auf Motorrädern fahrenden *scippatori* (Straßenräuber) geschützt ist, die Fußgängern Handtaschen oder Rucksäcke blitzschnell entreißen. Man stellt das Auto möglichst auf einem bewachten Parkplatz ab und lässt keine Wertgegenstände im Inneren liegen.

Sport und Erholung

Baden: Die Badesaison beginnt Anfang/Mitte Mai und endet Mitte/Ende September. Besonders beliebt sind Badeausflüge zu den kleinen Inseln vor der Küste Siziliens. Das Baden in der Nähe von größeren Städten mit Industrie (zum Beispiel bei Gela, der Straße von Messina oder an der Ostküste um Augusta) ist wegen des meist verschmutzten Wassers nicht zu empfehlen.

Golf: Ein schöner Golfplatz liegt nahe Castiglione di Sicilia bei Taormina an den Hängen des Ätna in der Provinz von Catánia: **Il piccolo Golf Club**, Contrada Rovittello, Taormina, © 09 42 98 62 52, www.1golf.eu, www.ilpiccologolf.com.

Bademode anno 400 n. Chr. zeigt das Mosaik der sogenannten Bikinimädchen in der Villa Romana del Casale

Radfahren: Dank des milden Klimas im Winter kann man in Sizilien das ganze Jahr über Radtouren unternehmen. Viele Hotels bieten einen Fahrradverleih an.

Segeln: In vielen größeren Badeorten kann man gegen Vorlage eines Segelscheins kleinere Segelboote mieten. Unbedingt vorher nach den Preisen erkundigen! Größere Segelyachten, für beispielsweise einen Wochentörn sollten besser in aller Ruhe vor Reiseantritt von Deutschland aus gebucht werden.

Surfen:
Die Windbedingungen sind das ganze Jahr über günstig! Die meisten touristischen Hochburgen an der Küste bieten Surfbrett-Verleih an. Auch hier gilt: Erkundigen Sie sich vor dem Ausleihen nach den Preisen!

Skilaufen: An der Nordseite des Ätna gibt es eine immerhin 27 km lange Abfahrtsstrecke (Stationen von Linguaglossa und Nicolosi). Wer hier Ski fährt, erlebt einmalige Kontraste: Zum einen den Blick auf den schneebedeckten Abfahrtshang, zum anderen die Aussicht auf das Meer, auf das man »direkt« zufährt. Es ist empfehlenswert, die eigene Ausrüstung mitzubringen. Ferner gibt es drei Langlaufloipen und nordischen Skilauf. Nähere Informationen:
Italienischer Alpenverein
www.alpenverein.it
Guida della Etna: ℂ 09 57 91 59 97

Tauchen: Besonders schöne Tauchreviere gibt es um die kleineren Inseln vor der Küste. Es ist aber zu empfehlen, die eigene Tauchausrüstung mitzubringen.

Trekking: Trekking in der Madonie, den Nebrodi-Bergen und auf dem Ätna findet eine immer größer werdende Anhängerschar, obwohl bisher nur sehr wenige Wege richtig ausgewiesen sind.

Ätna-Park: Geführte Trekkingtouren für bis zu 15 Personen (pro Person ca. € 70), auch Einzeltouren sind möglich, www.etnatrekking.com

Wandern: Beliebte Wanderrouten führen rund um den Ätna. Nähere Auskünfte erteilt:
Club Alpino Italiano (CAI)
Via Nicolò Grazilli 59, 90141 Palermo
℡/Fax 091 32 94 07, www.clubalpinoitaliano.org

Sprache – der sizilianische Dialekt

Wer gerade in den kleineren Orten die Gespräche der Einheimischen belauscht wird feststellen, dass die hier gesprochene Sprache etwas vom Hochitalienischen abweicht. So wird beispielsweise aus der italienischen Endung »o« in Sizilien einfach ein »u«. Zudem weist der etwas dunkler klingende sizilianische Dialekt, aus dem Lateinischen entstanden, viele arabische, griechische und spanische Sprachelemente auf.

Strom

Sizilien hat wie das übrige Italien eine Spannung von 220 Volt (Flachstecker). Die Mitnahme eines Adapters ist zu empfehlen.

Telefonieren

Wenn Sie nach Italien telefonieren möchten0, wählen Sie als Vorwahl ℡ 0039, dann die 0 von der Ortswahl mitwählen! Möchten Sie von Italien aus nach Deutschland telefonieren, wählen Sie für Deutschland ℡ 0049, für Österreich ℡ 0043 und für die Schweiz ℡ 0041, dann die jeweilige Ortsvorwahl ohne 0.

Postämter *(posta)* und Tabakgeschäfte *(tabacchi)* verkaufen Telefonkarten *(scheda telefonica)*. Als Alternative dazu gibt es internationale Telefonkarten *(scheda telefonica internazionale)*, die ca. € 10 kosten. Damit telefoniert man deutlicher günstiger als mit den normalen Telefonkarten. Man führt sie jedoch nicht ins Telefon ein, sondern wählt eine kostenlose *numero verde*, die auf der Karte vermerkt ist. Danach gibt man die Geheimnummer ein, die auch auf der Karte steht, und wählt dann die Teilnehmernummer.

Trinkgeld

Trinkgeld *(mancia)* ist natürlich immer gern gesehen; üblich sind gute 10 % des Rechnungsbetrages, wobei

Frauenalltag in einem sizilianischen Bergdorf

die Höhe natürlich auch von der Zufriedenheit abhängt. Oft ist die Bedienung *(servicio)* auch schon im Preis enthalten (auf der Speisekarte angegeben).

Die Rechnung wird verdeckt auf einem Teller gebracht. Man legt das Geld darauf und bekommt das Wechselgeld zurück. Wenn man möchte, lässt man etwas Geld auf dem Teller zurück. Auch in Bars ist es üblich, etwas Trinkgeld zu geben, selbst wenn man nur einen Espresso getrunken hat.

Unterkünfte

Egal welche Übernachtungsmöglichkeit man auf Sizilien sucht, man wird fündig. Das Angebot ist groß und reicht vom noblen Fünf-Sterne-Hotel bis zur einfachen Unterkunft auf einem Bauernhof *(Agriturismo)*.

Wer gern in Jugendherbergen (www.hihostels.com, ab € 20 pro Nacht) übernachtet, findet zwei in Erice, jeweils eine in Nicolosi, in Noto, in Siracusa und in Castroreale.

Bei den Campingplätzen kann man – je nach Ausstattung – zwischen Plätzen mit ein bis fünf Sternen wählen. Wildcampen ist auf der ganzen Insel streng verboten und wird mit hohen Strafen bedacht!

Zeitzone

In Sizilien gilt die mitteleuropäische Zeit (MEZ) mit der entsprechenden Umstellung auf Sommerzeit von Ende März bis Ende Oktober. ■

Die wichtigsten Wörter für unterwegs

Alltag/Umgangsformen

Buon giorno! Wer kennt diese Begrüßung nicht? Sie wird in Italien bis 12 Uhr mittags verwendet, danach sagt man schon *buona sera*. Beides sind sehr höfliche Ausdrücke, sie werden überall da benutzt, wo gesiezt wird. *Ciao* ist Begrüßung ebenso wie Verabschiedung, wird aber nur verwendet, wenn man sich nahe steht.

Wenn Sie ein öffentliches Lokal oder Büro verlassen, sagen Sie besser *arrivederci* oder *buon giorno* bzw. *buona sera*. *Buona notte* sagt man dann, wenn man sich verabschiedet, um ins Bett zu gehen.

Die Italiener sind in der Regel sehr hilfsbereit, freuen sich über ausländische Besucher und fragen neugierig nach deren Herkunft und dem Grund des Besuches.

Keine Panik, wenn Sie befürchten, zwar eine Frage stellen zu können, die Antwort aber nicht verstehen – Italiener haben eine sehr ausgeprägte Körpersprache. Im Übrigen wissen Sie ja: *Si* heißt ja, *no* nein. Und vergessen Sie nicht, sich zu bedanken – *grazie!*

Buon giorno!	Guten Tag!
Buona sera!	Guten Abend!
Buona notte!	Gute Nacht!
Ciao!	Hallo!
Come stai?	Wie geht es dir?
Come sta?	Wie geht es Ihnen?
Arrivederci!	Auf Wiedersehen!
Ciao!	Tschüss!
sì/ no/ forse	ja/ nein/ vielleicht
Mi chiamo …	Ich heiße …
Come ti chiami?	Wie heißt du?
Come si chiama?	Wie heißen Sie?
Scusi!	Entschuldigen Sie!
Grazie mille!	Vielen Dank!
Prego!	Bitte schön/Keine Ursache!

Übrigens: In Italien gibt es zwei Ausdrücke für »bitte«: *per favore* und *prego*. Bitten Sie jemanden um eine Gefälligkeit, verwenden Sie *per favore*. Ansonsten heißt es *prego*.

Falls Sie nicht alles verstehen (zugegeben: die Italiener sprechen ganz schön schnell), können Sie sagen: *Non ho capito. Per favore, parli più lentamente.* Wenn auch das nichts hilft, bleibt noch die Möglichkeit, sich das Gesagte aufschreiben zu lassen: *Me lo scriva, per favore.*

Autofahren

La mia macchina è stata forzata.	Mein Auto ist aufgebrochen worden.
Mi hanno rubato…	Man hat mir… gestohlen

Mi dia il Suo nome e il Suo indirizzo/ il nome della Sua assicurazione, per favore.	Geben Sie mir bitte Ihren Namen und Ihre Anschrift/ Ihre Versicherung an.
Mi occorre una copia della denunciaper la mia assicurazione.	Ich brauche eine Kopie der Anzeige für meine Versicherung.
la patente	Führerschein
l'autostrada	Autobahn
il parcheggio	Parkplatz
il distributore automatico di biglietti per il parcheggio	Parkscheinautomat
Posso parcheggiare qui?	Kann ich hier parken?
il distributore	Tankstelle
la benzina	Benzin
senza piombo	bleifrei
il gasolio	Diesel
Il pieno, per favore.	Volltanken, bitte.
Per favore, controlli la pressione delle gomme.	Prüfen Sie bitte den Reifendruck.
a destra/a sinistra/sempre diritto	rechts/links/geradeaus
attraversare	überqueren
l'ammenda	Bußgeld
l'ingorgo	Stau

In officina — **In der Werkstatt**

Ho avuto un incidente.	Ich habe einen Unfall gehabt.
Ho un guasto.	Ich habe eine Panne.
il cambio dell'olio	Ölwechsel

Einkaufen

Quanto costa?	Wieviel kostet das?
i soldi	Geld
la cassa	Kasse
pagare	bezahlen
vendere	verkaufen
Un po' di meno, per favore.	Etwas weniger, bitte.
Un po' di più, per favore.	Etwas mehr, bitte.
più piccolo/più grande	kleiner/größer
Dove posso trovare …?	Wo bekomme ich …?
Vorrei …	Ich hätte gerne …
Per favore, mi dia un pacco di …	Geben Sie mir bitte eine Packung …
Per favore, mi faccia vedere …	Zeigen Sie mir bitte …
Lo posso provare?	Kann ich das anprobieren?
Accetta carte di credito?	Nehmen Sie Kreditkarten?
troppo caro	zu teuer
Ha anche la taglia …?	Haben Sie das auch in Größe …?
la camicia	Hemd
i pantaloni	Hose
la gonna	Rock
il vestito	Kleid
il collant	Strumpfhose
le calze	Strümpfe
la giacca	Jacke

Colori / Farben

blu	blau
marrone	braun
giallo	gelb
rosso	rot
verde	grün
nero	schwarz
bianco	weiß
grigio	grau

Essen und Trinken

Wo bekommt man's

la panetteria	Bäckerei
la pasticceria	Konditorei
la macelleria	Fleischerei
il negozio	Geschäft
il mercato	Markt
il supermercato	Supermarkt

Al ristorante / Im Restaurant

Scusi, c'è un buon ristorante?	Wo gibt es hier ein gutes Restaurant?
Un tavolo per … persone, per favore.	Einen Tisch für … Personen, bitte.
Mi può dire dov'è la toilette, per favore?	Wo sind bitte die Toiletten?
Cameriere, il menu, per favore.	Herr Ober/Bedienung, die Speisekarte, bitte.
la lista delle bevande	Getränkekarte
la lista dei vini	Weinkarte
Avete pietanze vegetariane?	Haben Sie vegetarische Kost?
Prendo …	Ich nehme…
Per favore, un bicchiere di …	Bitte ein Glas …
Buon appetito!	Guten Appetit!
Alla salute!	Zum Wohl!
Vorrei una tazza di caffè.	Ich möchte eine Tasse Kaffee.
Il conto, per favore.	Die Rechnung, bitte.
Vorrei la ricevuta.	Ich möchte bitte eine Quittung.
mangiare	essen
bere	trinken
l'acqua minerale naturale	Mineralwasser ohne Kohlensäure
l'acqua minerale gassata	Mineralwasser mit Kohlensäure
la birra	Bier
il bicchiere	Glas
la bottiglia	Flasche

Pesce / Fisch

frutti di mare	Meeresfrüchte
gamberetti	Garnelen
calamari	Tintenfische
carpa	Karpfen
salmone	Lachs

tonno	Thunfisch
trota	Forelle

Carni	**Fleisch**
pollo	Hähnchen
anatra	Ente
scaloppine	kleine Schnitzel
saltimbocca	Kalbsschnitzel
tacchino	Truthahn
bistecca	Steak
braciola	Rumpsteak
fegato	Leber
montone	Hammel
vitello	Kalbfleisch
agnello	Lammfleisch

Pasta	**Nudelgerichte**
Pasta al burro	mit Butter
Pasta al pomodoro	mit Tomatensoße
Pasta al sugo	mit Fleischsoße
Pasta all'arrabbiata	mit Tomatensoße und Chili
Pasta alla carbonara	mit Ei und Bauchspeck
Pasta alla panna	mit Sahne
Pasta al pesto	mit Basilikum, Pinienkernen und Käse
penne	kurze Nudeln
tagliatelle	Bandnudeln

Verdura	**Gemüse**
gli spinaci	Spinat
le carote	Karotten
i fagioli	Bohnen
i piselli	Erbsen
le patate	Kartoffeln
l'insalata	Salat
il pomodoro	Tomate
il cetriolo	Gurke
gli zucchini	Zucchini
il cavolfiore	Blumenkohl
la cipolla	Zwiebel
le verdure crude	Rohkost

Frutta	**Obst**
la mela	Apfel
la pera	Birne
le fragole	Erdbeeren
i lamponi	Himbeeren
le ciliege	Kirschen
il melone	Melone
la pesca	Pfirsich
l'albicocca	Aprikose
il pompelmo	Pampelmuse
la banana	Banane

le prugne	Pflaumen
il limone	Zitrone
l'arancia	Apfelsine
l'uva	Weintrauben

Un mucchio di altre cose **Was es sonst noch gibt**

il latte	Milch
la panna	Sahne
il formaggio	Käse
lo yogurt	Joghurt
le uova	Eier
il burro	Butter
le spezie	Gewürze
l'aglio	Knoblauch
il sale	Salz
il pepe	Pfeffer
lo zucchero	Zucker
l'aceto	Essig
l'olio	Öl
il miele	Honig
il ghiaccio	Eis

Dal panettiere **Beim Bäcker**

il pane	Brot
i biscotti	Gebäck
la torta	Torte

Presse/Öffentliche Verkehrsmittel

All'edicola **Im Zeitschriftenladen**

il giornale	Zeitung
la rivista	Zeitschrift
Vorrei un giornale tedesco.	Ich hätte gerne eine deutsche Zeitung.
Si possono comprare anche i francobolli qui?	Kann ich bei Ihnen auch Briefmarken bekommen?
il francobollo	Briefmarke
la carta	Papier
la penna a sfera	Kugelschreiber
la busta	Briefumschlag

Mezzi di trasporto **Öffentliche Verkehrsmittel**

il treno	Zug
la stazione	Bahnhof
l'autobus	Bus
l'aereo	Flugzeug
l'aeroporto	Flughafen
la nave	Schiff
il porto	Hafen
il traghetto	Fähre
Quando parte il prossimo …?	Wann fährt der nächste …?
… l'ultimo …?	… der letzte…?
un biglietto	Fahrkarte

partenza	Abfahrt
arrivo	Ankunft
uscita	Ausgang
entrata	Eingang
ritardo	Verspätung

Assistenza medica — Medizinische Versorgung

Dal medico — **Beim Arzt**

il medico	Arzt
il dentista	Zahnarzt
Non mi sento bene.	Ich fühle mich nicht wohl.
Mio marito/mia moglie sta male.	Mein Mann/meine Frau ist krank.
Ho fatto un'indigestione.	Ich habe mir den Magen verdorben.
Sono molto raffreddato/a.	Ich bin stark erkältet.
Sono al ... mese di gravidanza.	Ich bin im ... Monat schwanger.
Ho dei dolori qui.	Hier habe ich Schmerzen.
Mi sono ferito/a.	Ich habe mich verletzt.

la diarrea	Durchfall
il vomito	Erbrechen
la tosse	Husten
il mal di testa	Kopfschmerzen
i disturbi circolatori	Kreislaufstörungen
la scottatura	Sonnenbrand
le vertigini	Schwindel

la pomata	Salbe
la compressa	Tablette
il sonnifero	Schlaftabletten
le gocce	Tropfen
l'analgesico	Schmerzmittel
le bende	Verbandszeug

Wo? Wie? Was? – Orientierung

Wie man nach dem Weg fragt (und die Antwort versteht)

Scusi, dov'è ...?	Entschuldigung, wo ist ...?
Come si arriva a ...?	Wie komme ich nach ...?
Come si arriva nel modo più veloce alla stazione?	Wie komme ich am schnellsten zum Bahnhof?
Sempre diritto.	Geradeaus.
A destra.	Nach rechts.
A sinistra.	Nach links.
È questa la strada per ...?	Ist das die Straße nach ...?

Telefonare — Telefonieren

Dov'è che si può telefonare qui?	Wo kann ich hier telefonieren?
Mi saprebbe dire per favore dov'è una cabina telefonica?	Können Sie mir bitte sagen, wo hier eine Telefonzelle ist?

Dove posso comprare una carta telefonica?	Wo bekomme ich eine Telefonkarte?

La camera

Unterkunft

Mi saprebbe dire dove posso trovareuna camera?	Wissen Sie, wo ich hier ein Zimmmer finden kann?
Quanto costa?	Wieviel kostet es?
È lontano da qui?	Ist es weit von hier?
Come ci si arriva?	Wie kommt man dorthin?
Avete una camera doppia/singola libera?	Haben Sie ein Doppelzimmer/ Einzelzimmer frei?
Posso vedere la camera?	Kann ich mir das Zimmer ansehen?
Si può aggiungere un lettino per bambini?	Können Sie ein Kinderbett aufstellen?
con doccia e WC	mit Dusche und WC
Mi chiama un taxi, per favore?	Können Sie mir bitte ein Taxi rufen?
il campeggio	Campingplatz
la tenda	Zelt

I numeri

Zahlen

uno	eins
due	zwei
tre	drei
quattro	vier
cinque	fünf
sei	sechs
sette	sieben
otto	acht
nove	neun
dieci	zehn
undici	elf
dodici	zwölf
tredici	dreizehn
quattordici	vierzehn
quindici	fünfzehn
sedici	sechzehn
diciassette	siebzehn
diciotto	achtzehn
diciannove	neunzehn
venti	zwanzig
trenta	dreißig
quaranta	vierzig
cinquanta	fünfzig
sessanta	sechzig
settanta	siebzig
ottanta	achtzig
novanta	neunzig
cento	hundert
mille	tausend

Feuerrot und ziemlich stachelig sind die essbaren Früchte des Feigenkaktus

L'ora/Il calendario — Zeitangaben/Kalender

Che ore sono?	Wie spät ist es?
Sono le …	Es ist …
oggi	heute
ieri/l'altro ieri	gestern/vorgestern
domani/dopodomani	morgen/übermorgen
di mattina/di pomeriggio/di sera	vormittags/nachmittags/abends
giorno	Tag
settimana	Woche
mese	Monat
anno	Jahr
lunedì	Montag
martedì	Dienstag
mercoledì	Mittwoch
giovedì	Donnerstag
venerdì	Freitag
sabato	Samstag
domenica	Sonntag
gennaio	Januar
febbraio	Februar
marzo	März
aprile	April
maggio	Mai
giugno	Juni
luglio	Juli
agosto	August
settembre	September
ottobre	Oktober
novembre	November
dicembre	Dezember

Register

Die **fetten** Hervorhebungen verweisen auf ausführliche Erwähnungen, *kursiv* gesetzte Begriffe und Seitenzahlen beziehen sich auf den Service.

Aci Castello 44
Aci Trezza 6, 44, *80*
Acireale 43, *72*
Addaura-Grotte 6
Adrano 38
Ägadische Inseln *80*
Agrigento 9, 55 ff., *72*
– Tal der Tempel/Valle dei Templi 9, 55 ff.
Akragas 38, 55, 56 f.
Alcàntara, Fluss 36, 37
Alcara *74*
Alcarno *73*
Alicudi, Isola/Insel 28
Anreise, Einreise 66 f.
Äolische Inseln s. Liparische Inseln
Ätna 5, 6, 8, 29, **36 ff.**, 39, 44, *79*
– Circumetnea 37, *79*
– La Montagnola 37
– Piano del Lago 37
– Rifugio Sapienza 37, 38
– Torre del Filosofo 37 f.
Augusta 48 f.
Auskunft 67 f.
Automiete, Autofahren 68 f.
Ávola/ Ávola Vecchia 50 f.

Bagheria 18
Bagni di Cefalà 19
Behindertengerechte Einrichtungen 69
Belice-Tal 9
Belpasso *79*
Bosco della Ficuzza 19
Bronte *75*
Butera *75*

Calatifimi *73*
Caltagirone 54, *74, 78*
Caltanissetta *72, 76*
Casalvecchio Siculo 36
Castelbuono *74, 75*
Castello Euríalo Epipolai 49
Castelmola 35 f.
Casteltermini *73*
Catánia 4, 5, 6, 8, 29, 36, 37, **39 ff.**, *72, 74, 76*
– Casa Bellini 41
– Castello Ursino 41, 42
– Chiesa San Francesco d'Assisi 41
– Chiesa San Nicolò 41
– Duomo di Sant'Agata 40, 42
– Flughafen Fontanarossa 42, *66*
– Fontana dell'Elefante 40
– Lido di Plaia 42
– Mercato della Pescheria 40 f.
– Museo Civico Belliniano 41, 42
– Teatro Greco Romano 41, 42
– Teatro Massimo Bellini 40, 42
– Villa Bellini 41 f.

Cava d'Íspica 51
Cefalà Diana 19
Cefalù 20 f., *73*
Centuripe 38 f.
Chiesa di Santissimo Pietro e Paolo 36
Conca d'Oro 4, 10
Corleone 19
Custonaci *71*

Diplomatische Vertretungen 69
Donnafugata 53 f.

Enna 22 f., *72, 74*
Érice 64 f., *73, 74, 76, 78*
Essen und Trinken 70 f.
Etna s. Ätna
Etnaland *79*

Feiertage, Feste 71 ff.
Filicudi, Isola/Insel 28
Fiumefreddo 37
Fornazzo 38
Forza d'Agrò 36

Gela 9, 54 f., *73*
Geld, Banken, Kreditkarten 76
Gesundheit 76 f.
Giardini-Naxos 36
Giarre 37
Gibellina 62 f., *75*
Góla d'Alcàntara 36

Internet 77
Ionisches Meer 4, 6, 33
Ísole Pelágie s. Pelagische Inseln

Klima, Kleidung, Reisezeit 77 f.

Lampedusa, Isola/Insel 57 f.
Lampione, Isola/Insel 58
Libysches Meer 4
Linosa, Isola/Insel 58
Lipari, Isola/Insel 25 f.
Liparische Inseln 25 ff., *80*

Madonie 20, *78*
Madonie, Regionalpark *80, 83*
Marsala 8, 51 f., *72*
Mazara del Vallo 61
Mazzarò 33
Meerenge von Messina 9
Messina 9, 29 ff., *75*
Milazzo 24, 32
Mitbringsel 78 f.
Mit Kindern auf Sizilien 79
Módica 8, 51 f., *72 f.*
Mondello 17 f., *74*
Monreale 19 f., *74, 76*
Monte Pellegrino 6, 10, 13, 17
Monte Tauro 33, 36
Monte Venere 36
Monti Iblei 49
Monti Nebrodi, Regionalpark *80, 83*
Morgantina 23 f., *74*
Motta Sant'Anastasia 37

Nachtleben 79 f.
Naturschutzgebiete, Parks 80
Nicolosi 37, 38
Nicosia 24
Notfälle, wichtige Rufnummern 68
Noto 8, **49 f.**, 51, 55, 74

Öffentliche Verkehrsmittel 80 f.
Öffnungszeiten, Eintrittspreise 81

Pachino 55
Palazzolo Acréide 49, 74
Palermo 4, 7, 8, **10 ff.**, 75, 76
– Capo-Viertel 12
– Cappella Palatina 11 f.
– Cassaro s. Corso Vittorio Emanuele
– Castello della Zisa 15
– Chiesa di San Domenico 13
– Chiesa La Martorana 12 f.
– Chiesa San Cataldo 13
– Chiesa San Giovanni degli Eremiti 12
– Convento dei Cappuccini 15
– Corso Vittorio Emanuele (Cassaro) 11, 12
– Flughafen Falcone Borsellino Palermo 67, 71
– Fontana Pretoria 13
– Galleria Regionale della Sicilia 14
– Giardino Garibaldi 11
– Kathedrale 12
– La Kalsa 11
– Museo Archeologico Regionale 13 f., 14
– Museo Etnografico »Giuseppe Pitrè« 15
– Museo internazionale delle Marionette 15, 79
– Normannenpalast 11
– Oratorio del Rosario 13
– Orto Botanico 16
– Palazzo Chiaramonte 11
– Piazza Marina 11
– San Felippo Neri, ehem. Kloster 13
– Teatro Massimo 14, 15
– Villa Giulia 16
– Vis Bellmonte 10
– Vucciría 10, 13, 17
Panarea, Isola/Insel 28 f.
Pantelleria, Isola/Insel 58
Parco Naturale dell'Etna 37, 80, 83
Parco Zoo di Sicilia 79
Paternò 39, 79
Pelagische Inseln 57 f.
Pergusa 73
Petralía Soprana 22
Petralía Sottana 22
Piana 4
Piana degli Albanesi 20
Piana degli Albanesi 71 f.
Piazza Armerina 24, 75
Pizzo Antenna Grande 80
Pizzo Carbonara 80
Post, Briefmarken 81 f.
Presse 82
Punta del Faro 31

Ragusa 8, 52 f., 73, 75, 76
Randazzo 39
Rauchen 82
Rocca Busambra 19

Salina, Isola/Insel 28
San Fratello 73, 76
San leone 56
San Vito lo Capo 75, 76
Santa Caterina di Villarmosa 78
Santa Flavia 20
Santo Stefano di Camastra 78
Santuario di Gibilmanna 21 f.
Sciacca 58 f., 72
Scifi 36
Segesta 65, 75
Selinunte 60 f.
Sicherheit 82
Simeto-Tal 38
Siracusa 6, 7, 8, **44 ff.**, 74, 76
– Anfitatro Romano 47
– Apollon-Tempel 6, 45 f.
– Dom Santa Maria delle Colonne 46
– Fonte Aretusa 46
– Museo Archeològico Regionale »Paolo Orsi« 48
– Museo del Papiro 48
– Museo Regionale di Palazzo Bellomo 46, 47
– Orecchio di Dionisio 47
– Ortigia 45 ff.
– Parco Archeologico della Neapoli Greco 46 f.
– Ponte Umbertino 45
Sizilien in Zahlen 66
Solunto 18
Sport und Erholung 82 ff.
Sprache – der sizilianische Dialekt 84
Strom 84
Stromboli, Isola/Insel 27 f.
Syracus s. Siracusa

Taormina 29, **33 ff.** , 36, 75
– Corso Umberto 34
– Palazzo Corvaja 34
– Teatro Greco 33 f.
Telefonieren 84
Termini Imerese 72
Trápani 63 f., 72, 73, 80
Trinkgeld 84 f.
Tyndaris 32, 76
– Santuario della Madonna Nera 32
Tyrrhenisches Meer 4, 24

Unterkünfte 85
Ustica, Isola/Insel 80

Villa Romana del Casale 24
Villa Romana del Casale 9
Vulcano, Isola/Insel 6, 26 f.

Zeitzone 85
Zingaro, Naturreservat 79
Zyklopen-Felsen 6
Zyklopenküste 44

Bildnachweis

Azienda Provinciale Turismo di Enna: S. 23

Rainer Hackenberg, Köln: Schmutztitel (S. 1), S. 2 o. l., 2 o. r., 3 o. l., 3 o. Mitte, 3 o. r., 6, 10, 12, 18 u., 19, 21, 22, 33, 35, 37, 39, 41, 53, 57, 59, 63, 64, 65, 67, 70, 73, 81

Herbert Hartmann, München: S. 2 o. Mitte, 4/5, 15 o., 25, 28, 29, 43, 54, 58, 60, 78, 85

Volkmar E. Janicke, München: S. 31, 44, 45

János Kalmár, Wien: S. 7, 47, 50, 52

Dieter Klein, Köln: S. 66, 93

Vista Point Verlag (Archiv), Potsdam: S. 8, 9, 11, 13, 14, 15 u., 17, 18 o., 20, 24, 27, 30, 32, 34, 38, 46, 49, 55, 60, 71, 83

Schmutztitel (S. 1): Die Fontana Pretoria auf der gleichnamigen Piazza in Palermo

Seite 2/3 (v. l. n. r.): Kathedrale von Palermo, Blick auf die Äolischen und Liparischen Inseln, Kreuzgang des Benediktinerklosters in Monreale, der Ätna, Isola Bella bei Taormina, Tal der Tempel in Agrigent

Konzeption, Layout und Gestaltung dieser Publikation bilden eine Einheit, die eigens für die Buchreihe der **Go Vista City/Info Guides** entwickelt wurde. Sie unterliegt dem Schutz geistigen Eigentums und darf weder kopiert noch nachgeahmt werden.

© Vista Point Verlag GmbH, Birkenstr. 10, D-14469 Potsdam
2., aktualisierte Auflage 2013
Alle Rechte vorbehalten
Verlegerische Leitung: Andreas Schulz
Reihenkonzeption: Vista Point-Team
Bildredaktion: Andrea Herfurth-Schindler
Lektorat: Kristina Linke, JB Bild l Text l Satz, Köln
Layout und Herstellung: Kerstin Hülsebusch-Pfau, Britta Wilken
Reproduktionen: Köcher Druck GmbH, Köln
Kartographie: Borch GmbH, Fürstenfeldbruck, Kartographie Huber, München
Druckerei: Colorprint Offset, Unit 1808, 18/F., 8 Commercial Tower, 8 Sun Yip Street, Chai Wan, Hong Kong

ISBN 978-3-86871-891-1

An unsere Leser!
Die Informationen dieses Buches wurden gewissenhaft recherchiert und von der Verlagsredaktion sorgfältig überprüft. Nichtsdestoweniger sind inhaltliche Fehler nicht immer zu vermeiden. Für Ihre Korrekturen und Ergänzungsvorschläge sind wir daher dankbar.

VISTA POINT VERLAG
Birkenstr. 10 · 14469 Potsdam
Telefon: +49 (0)3 31/817 36-400 · Fax: +49 (0)3 31/817 36-444
www.vistapoint.de · info@vistapoint.de